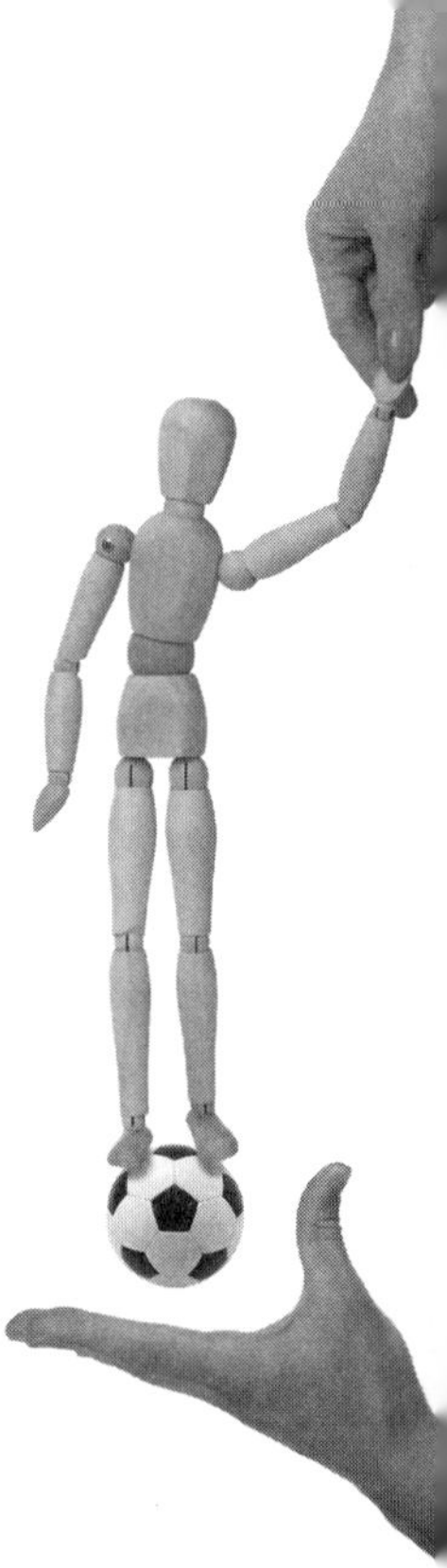

少年スポーツ ダメな指導者 バカな親

永井洋一
スポーツジャーナリスト

合同出版

◆もくじ◆

カバーデザイン=人見祐之
写真協力=代田幸弘

プロローグ

2004年6月に『スポーツは良い子を育てるか』(生活人新書・NHK出版)という本を出しました。その中で私は、これまで神話のように信じられていた「スポーツをすることがすなわち好ましい人格形成の推進になる」という概念に疑問を投げかけました。さらに、現在の子どもたちのスポーツのあり方は、むしろその理想とは逆に、子どもたちの人間的成長にとって好ましからざる環境をつくりつつある、と警告しました。この本はいわばその続編のようなもので、今度は具体的なエピソードを中心に、より少年スポーツの現場に近いところから問題提起をしています。

この本の出版準備をしている最中に、現在の日本スポーツ界の暗部を象徴するような事件が起こり世間を賑わせました。プロ野球球団の新人獲得を巡る裏金供与問題です。高校生に「栄養費」の名目でお金を渡し、社会人チームでプレーした後に自分の球団を逆指名するよう裏約束していたこと、また、協定の額を著しく上回る5億3000万円という契約金の供与を裏約束し、大学生から逆指名を受けていたこと、などが明らかになりました。

スポーツは勝敗を競い合う行為です。スポーツに参加する人は誰でも勝利を念じ、勝利を目指して全力を尽くします。スポーツで勝利を目指すこと自体は、人の自然な行為です。ところが、スポーツに深く入り込むほど、人は時として、勝つためには手段を選ばすという考え方に毒されてしまうことがあります。その結果、人としてあるべき姿を忘れ、ただひたすら「勝利」「結果」に固執する醜い姿をさらしてしまいます。

今回の騒動も、こうしたスポーツにかかわる人間の、「勝利」を巡る倫理の問題が根本にあるといえるでしょう。そして、「勝利」を巡る倫理の乱れは、決してプロに代表される高度な競技の世界に特有なことではなく、その病巣の一部は子どものスポーツ環境につながっていると私は感じています。

幼児の頃から受験の合否で成功者と脱落者を分別する。塾に通えば成績順で座席の場所が決まる。スイミングスクールでは泳法の出来不出来や泳げた距離でランクづけされる。野球やサッカーでも、勝てるチームづくりのために、5歳、6歳の頃から「上手い・下手」でレギュラー組とベンチ組が選別される。いわゆる「勝ち組」に入らねば、人格そのものも否定されかねないような構図が、年端《としは》も行かぬ子どもたちの前に広がっています。

そんな中、スポーツをする子どもも親も、何とかして「勝ち組」の尻馬に乗ろうと躍起になっています。勝てるチームに入って、注目されて、学校も就職もうまく渡っていくことができればいい。プロになれるなら、どんなルートを通ってもいい。要は勝利であり結果であり、勝ち組になることであって、手段は問わない。そんな考えに支配されている親子が少なくないと感じます。そのような親子と、これまた手段を選ばずに選手を集めて「勝てばいい」と考える学校関係者、球団関係者が出会えば、話が進むのは早いでしょう。そして、こういう利害関係の図式ができ上がれば、その構図の中でより合理的に動きたい、という親子が出てきても不思議ではありません。

子どもの進学、就職、あるいはプロ契約は、親にとっても一大事です。しかし、そういう世俗的な「実利」の一方で、親には子を育てるという責任があります。親が子を育てるということは、子が人格を形成していくための、もっとも重要な助力です。どういう人間になるべきかという、道しるべを示していくことです。そういう行為に金銭、物品、地位、名誉といった「実利」はともないません。あえて言うならそれは、「自分の子が人として正しい道を歩めている」という金品に代えがたい精神的充足感でしか実感できません。

動物も子育てはします。しかし、わが子が正しい道を進んでいることに精神的な充足感を得るなどということは、人間にしか味わえない高度な知的活動です。同様に、スポーツで勝利を目指して精進する中から、さまざまな事象を感じ、学び、よき人になるためにそれを生かしていく、ということも、人にしかできない崇高な行為です。ですから、子どもをまっとうな人に育てようとすることも、スポーツから何かを学ばせようとすることも、実に人間らしい、人間にしかできない行為なのです。

勝てばいい、勝ち組に入りさえすればいい、という実利的なことだけが大事なのであれば、スポーツはとうの昔に廃《すた》れたでしょう。なぜならスポーツでは、試合を行うごとに必ず半数が敗者となるのですから、負けることに意味がないなら、負けた者はさっさとスポーツから足を洗ったことでしょう。しかし現実には、スポーツの歴史は脈々と受け継がれています。それは、人が力比べ、速さ比べ、高さ比べの結果以外の部分に、「何か」を見つけているからに他なりません。

その「何か」の部分こそ、実は、人が人たる所以《ゆえん》に通じるものなのではないでしょうか。そして、その部分こそ、頭も体も柔軟で、環境の影響を強く受けやすい子どもたちが、スポーツをする中で身に付ける、もっとも大事なことなのではないでしょうか。

なぜ、子どもにスポーツをさせるのか？　子どもにどのようにスポーツを与えていけばいいのか？　子どもにスポーツをさせることで、発見させたい「何か」とはどんなものか？　この本では、そうした部分にさまざまな角度から踏み込み、問題提起をしています。今、スポーツに親しんでいる子どもたちの親、指導している監督、コーチ、学校の先生たちが、議論する時期に来ていると思います。

スポーツで良い子が育つ？

多くの親たちが、スポーツは子どもの成長に必ず役立つものと考えているはずです。「スポーツで良い子が育つ」とまるで神話のように信じられてきました。

そこでまず明確にしておかなければならないことは、「良い子」の定義とは何かということです。読者のみなさんは、「良い子とはどういう子ですか」と問われたら、どのように答えるでしょうか。これは、言い換えれば、自分の子に、どのような人間に育ってほしいか、という期待の表れでもあるでしょう。

スポーツから少し遠ざかりますが、まず興味あるデータを紹介しましょう。97年の「子ども白書」（日本子どもを守る会編）に掲載されたものです。少し古いデータをあえて取り上げるのは、その実態が私が子どもだった頃も今も、あまり変わりないと感じたからです。

そのデータには、体罰についての、親、子ども、それぞれの立場の考え方、感じ方が集計されています。まず、親が「どんな時にあえて体罰をしてもいいと思っているか」を調べた結果を見てみましょう。その中でもっとも多かったのが、「あぶないことをした時」でした。二番目が「他人に迷惑をかけた時」、三番目が「うそをついた時」で、この三つが他の理由に比べて圧倒的に多くなっています。

一方、子どもが体罰を受けた理由としてもっとも強く記憶しているのは「親の言うことを聞かなかった時」でした。二番目が「口答えをした時」、三番目が「悪くないのに八つ当たりされた」で、この三つが他の理由に比べて圧倒的に多いのです。

この二つの結果を比較すると、親は、危険、迷惑、うそなど、「人として許せない」ことに対して体罰を加えてもいいと思うほど厳しく接している（正確に言うと、そのつもりでいる）のに、それは子どもの側の記憶とはまったく一致していないことがわかります。多くの子どもは、「親の言うことを聞かなかった」「親に口答えをした」「八つ当たりされた」という理由で体罰を加えられたと記憶しているのです。

ここから透けて見えてくるのは、親側の建前と本音です。親が子どもに体罰を加えているのは、じつは「人として許せないことをした」時ではなく、子どもが自分の言うことを聞かない時、口答えした時、さらには、自分の虫のいどころが悪い時なのです。こういう状況で大人が子どもに体罰（最近、多いのは言葉の暴力）を振るう姿を、私はスポーツの現場でよく見たり聞いたりします。それらをもっともよく実践しているのが、じつは少年スポーツの監督・コーチたちなのです。彼らの価値観は、多くの大人たちの価値観を代弁しています。少年スポーツの監督・コーチを含む多くの大人たちは、少年に「言うことを聞く」「口答えをしない」「自分を機嫌よくさせる」ことを求めています。言い換えれば、そういう要求に応えてくれる子どもを「良い子」だと評価しているのです。

しかし、私の考える「良い子」とは、もっと違った概念です。では、どういう子どもが「良い子」

で、その「良い子」を育てることにスポーツがどう関係してくるのでしょうか。

自律と大人の価値観

多くの大人は、自分の意のままに動く子どもを「良い子」と考えるようです。ですからスポーツの指導においても、多くの監督・コーチたちが、自分のイメージしたプレーやチームづくりに少年たちを当てはめようと躍起になります。そして、そのイメージに当てはまらないと、いらだち、怒って、暴力を振るったり言葉の暴力を浴びせたりします。そうしたトレーニングを続けた結果、スポーツの現場では、大人の機嫌をそこねない行動をする、大人の喜ぶような態度をとる「良い子」が育っていきます。

しかし、私たちは、そのような子どもたちが育つことを期待していいのでしょうか。私はそうは思いません。

文部科学省の制定する「学習指導要領」というものがあります。これには、学校生活の中で子どもがどのように成長することが望ましいかという点に関する国としてのスタンスが示されています。その中の、小学校5年生、6年生の「道徳」で身につけることが望ましいとされている項目を調べてみました。全文を紹介できないので要点を挙げておきます。

自分自身に関すること、という項目では、節制、努力、規律、工夫などが求められています。希望を持って楽しく生活しながらも、常によりよい自分になっていこうとする意識が求められています。また、他人とのかかわりに関すること、という項目では、礼儀、思いやり、親切、協力、助け合い、感謝、などとともに、異なる意見の尊重も求められています。

「学習指導要領」では、子どものあるべき姿として、「大人に従順であること」は決して求められてはいません。むしろ、自律、克己という部分が強調され、自分自身でも、人との関係においても、しっかりと自己を確立させ、他人を認めることのできる人間になることが望まれています。言い換えると、かなりレベルの高い部分で、子ども一人ひとりが「個」を確立し、その中で自己判断、自己コントロールができるように、という期待が持たれているのです。国としては、そのような子どもが「良い子」だとしているのです。

文部科学省を通じて示される国の教育行政にもいろいろと問題がありますが、学習指導要領のこの文面だけに注目するなら、私もそれに賛同できます。私たち大人は、この文面にあるように、子どもが自分の価値観を確立し、自律した人生を送れる人間になれるよう、教育しなければならないのです。これは、学校生活だけではなく、日常生活一般にも、もちろん、スポーツ活動にもあてはまります。

自律し、自己コントロールできる人間になるためには、まず、子どもが自分の考えを持ち、それを発表し、試し、吟味する環境が必要です。スポーツに当てはめるなら、どういうプレーをしようか考え、試し、それが良かったのかどうか、次はどうすればいいのか、ということを試行錯誤する必要があるのです。そうした行動を通して、やがて子どもは、状況に応じて自分がどのように振る舞うべきかを学んでいきます。

指導要領のいう「良い子」になること、つまり子どもが自律していくということは、一方で自分の価値観を持ち、自分の意見を発するようになるということです。スポーツでいえば、自分の判断でプレーするようになるということです。しかしそれは時として、大人の意に沿わないものにもなります。そこで大人は、子どもの発想を抑え込み、自分のイメージに従ったプレーをさせようとします。そうして大人たちのいう「良い子」にしてしまうのです。

個性を発揮させることこそ、スポーツの原点

人間は生まれながらに個性があります。『バカの壁』（新潮新書・新潮社刊）で知られる解剖学者の養老孟司先生が、「自分のカラダに他人の皮膚を移植しようとしても、すぐに拒絶反応を示す。それほどに私たちの人間としての存在は個別的なのだ」という主旨のことを話されています。スマップのヒット曲「世界に一つだけの花」ではありませんが、それぞれが世界にただ一つの、いや、宇宙にただ一つの存在として、私たちは一生を送ります。

「ただ一つの存在」という意味では、他の生命も同じです。しかし、人間以外の生命が「自分」とその「人生」を意識することはありません。宇宙にただ一つの自分の人生について、「なぜ生きるのか」「どのように生きるのか」と思索するのは、人間だけに与えられた能力です。言い換えれば、ただ食

べて、寝て、排泄して、繁殖して、一生を終えるのではなく、その生き方に「意味」を与えるからこそ、人間は人間たりえるのです。スポーツも、人生に「意味」を与える行動の一つです。

では、スポーツをすることで、人生にどのような「意味」が与えられるのでしょう。一般には、より健康な体、より強い精神、などが挙げられますが、私はもっと大切なことがあると考えます。それは、人として「個」を際立たせることです。スポーツをする人それぞれが、プレーを通じて、その人なりの存在を示すことが大切だと思うのです。ですから私は、子どもがスポーツをする意義は、その子がスポーツをすることで「自分」という存在を確認し、より「その子らしさ」を際立たせることにあると思っています。

このように書くと、「おやっ?」と思われる人も多いでしょう。なぜなら、日本では長い間、スポーツマンが「個」を強調すること、つまり「自分の考え方や感じ方」を持ち、主張することはタブーでした。それどころか、「個」を殺し、チームのため、学校のため、会社のため、国のために、率先して尽くすことが美徳とされてきたのです。そうしたゆがんだ考え方の中で定着したのが、指導者の独裁による封建主義的な集団づくりです。情報は上から下への一方通行。選手はどんなに理不尽なことを指示されても、ひたすら指導者の意に沿う行動が強制されます。

先日、スポーツバラエティ番組を見ていた時のことです。番組に出演していた高校サッカー強豪校出身のお笑いタレントが、「永遠ダッシュ」という罰則の思い出話をしていました。先生の機嫌をそこねると、よしと言われるまで無制限にダッシュをくり返すというのです。ある時は夜の11時半までダッシュを続けていたことがあったといいますから、狂気の沙汰としかいいようがありません。

しかし、このような奴隷制の時代を思わせるような指導は、現在でも日本の各地で実施されています。多くのスポーツ指導者が、まるで専制君主のように振る舞っています。専制君主の下で動く選手たちは、まるで、どこぞの国のマスゲームに参加する兵士のようです。彼らの動きは君主の意に沿うように見事に統制がとれてはいますが、そこに一人ひとりの顔はまったく見えません。「個」としての存在などという概念自体が飛んでしまっているのです。

君主が「右を向け」と言ったら、即座に右を向く。そんなロボットのような人間を育てることがスポーツの目的なのではありません。むしろ、「右を向け」と言われた時に「左を向いても面白いかもしれない」「下を向いたら相手の意表をつけるだろう」「上を向いてあざむくという手もある」と、豊かに発想をめぐらせ、その過程に個性を発揮させることこそ、スポーツの原点なのです。

子どもたちは「鉄人28号」か？

少年スポーツを見ていると、しばしば、横山光輝氏の『鉄人28号』（１９５６～６６年、「少年」連載）を思い出します。それは私が少年時代に親しんだマンガで、正太郎という少年が操作するリモコンで大型ロボットの鉄人28号が活躍するというストーリーです。鉄人28号は、そのテーマソングに歌われている通り「正義の味方」なのですが、なにせその動きはリモコン次第です。テーマソングに

「敵に渡すな大事なリモコン」とあるように、リモコンの操作によっては悪の手先になってしまう危険もはらんでいます。

「行け、鉄人！」とリモコンを操作する正太郎（時にはそれを奪った悪人）がスポーツの指導者で、そのリモコン操作に従って、忠実に指示に従う鉄人28号が、スポーツをする青少年たち。そんなふうに思えてしまうことが多いのです。

しかし、以前に比べれば、科学的なスポーツのコーチングの浸透とともに、そうしたリモコン操作をするかのような指導者たちも少なくはなっています。ところが、それに変わって、科学的な仮面をかぶった〝エセ論理派〟の指導者が台頭しています。彼らの特徴は、日頃から「青少年を型にはめずに、個性を生かす指導をしている」などと発言し、表面的には科学的、論理的な指導をしているかのように振る舞っていることです。私が専門とするサッカーの中にもそうした指導者は増えてきました。とある強豪高校の指導者なども、折に触れてそうした発言をしています。

ところが、その指導者の率いるチームの戦い方を見れば、すぐに指導者たちの論理が真実ではないことがわかります。選手のほとんどは、あらかじめ決められた動きを、機械のように反復するだけです。そのチームの指導者がメディアのインタビューに応えてこんなことを発言していました。

「Aたち（選手の名前）は、上手くない。上手くないから、一つひとつ考えてプレーさせるよりも、余計なことをせずに、これだけをやれ、と決めてやる。そのことで彼らは実力を発揮できる。これこそ個性を生かす指導なのです」。

この指導者は、自分がどう考えるか、どう判断するか、というもっとも人間的な行為を排除し、思考・判断をはさまない機械的な行動をさせることが「個性」を生かすことだといっているのです。私には、この発言は選手を人間として扱うのではなく、「鉄人28号」にしてやった方が幸せだといっているように聞こえます。

一昔前は、スポーツ暴君のような指導者は、言動も行動も暴君そのものでしたから、はたから見ていても、明らかに間違った指導をしていることがわかりました。ところが、近年、増えてきたエセ論理派の指導者は、言葉も物腰も穏やかですから、一見、理にかなった指導をしているように見えるのでやっかいです。「個性」という言葉の隠れみのの中で、静かに着々と、自分の意のままに動くロボットを生産しているのです。

さらにやっかいなのは、こうしたエセ論理派が、正当な科学的、論理的指導の方法を知っていることです。知っているのになぜ正当な指導をしないのか、と不思議に思う読者もいるでしょう。じつはそこがミソなのです。

正当な方法で、正しく青少年を指導していくには、じつに多くの時間と根気、とくに試行錯誤のための時間が必要です。しかし、それをやっていては、目前の勝負に勝てません。毎年、選手権で優勝を争うような強豪校ではなおさらです。短時間で勝って自分の名誉欲を満たすためには、正当な方法を回避した方が良いことを彼らは知っていて、あえて実行しているのです。確信犯だからこそ、やっかいなのです。

１００ｍダッシュ１００本には意味がない

高校野球についてはいろいろな角度から報道がなされていますが、かつて読んだ記事で忘れがたいものがあります。大発行部数を誇る全国紙のスポーツ欄に掲載されたあるコラムでした。

そこでは、その年の甲子園大会で好成績を残したある強豪校の選手たちが、１日に１００ｍダッシュを１００本もこなしていたことが紹介され、その苦しみを乗り越えたからこそ、ピンチでも動じない精神力が養われている、といったニュアンスで記事がまとめられていました。

私は、ああ、またか、と落胆しました。スポーツで好成績をあげた選手、チームを取り上げ、栄光の陰に苦難ありといった視点で、彼らが乗り越えてきた苦しいトレーニングの様子を報道するのは、もはやスポーツ報道ではお決まりのコースです。しかしそれにしても、高校生の野球のトレーニングとして、１００ｍダッシュを１００本も反復させることに、トレーニング科学上、どんな意味があるというのでしょう。「ニューヨーク・メッツ」でコンディショニングコーチを務めたことのある立花龍司さんに話を聞いた時、彼は次のように嘆いていました。

「野球は基本的には瞬発力のスポーツ。強い力をいかに瞬間的に出せるようにするか、というトレーニングが大切。なのに、日本の指導者は選手を苦しませて、追い込んで、心肺能力にばかり負担をかけるトレーニングをしたがる。これは、まったくナンセンスなことです」。

１００ｍダッシュを１００本やらせた指導者も、それをレポートしたスポーツ部の記者も、スポーツトレーニングに関してどれだけの知識があったのでしょうか。彼らに共通するのは、肉体的に苦しいほど、辛いほど、内容の濃いトレーニングであり、それを乗り越えることがスポーツの練習として意味がある、という視点ではないでしょうか。このケースだけでなく、日本のスポーツ選手はしばしば「あんなに苦しいトレーニングをしたのだから、負けるわけがないと思った」という発言をします。苦しければいいトレーニングである、という考えが、いかに蔓延《まんえん》しているかがわかります。

私にいわせれば、野球というスポーツ種目を上達させていくうえで、高校生が１００ｍダッシュを何十本も反復することを日課にするのは、ほとんど意味のないことです。そして、そのナンセンスなトレーニングを褒《ほ》め称《たた》えるが如くの報道が全国紙のスポーツ欄でなされていることは、じつに困ったことだと思うのです。

なぜなら、こうした報道を見たり聞いたりした現場の指導者が、「やはり勝つにはこれくらいしなければだめなのだ」とばかりに、同じようなトレーニング方法、あるいは、「苦しみを乗り越えさせる」という思想を、子どもたちへの指導に持ち込む恐れがあるからです。スポーツの技術、戦術、トレーニング科学に知識のない指導者ほど、「精神論」を前面に押し出します。がまんしろ、乗り越えろ、といった単純な叱咤《しった》は、スポーツや指導に関する知識がなくても、年長者ならだれでも簡単にいえることだからです。

ところで、１００ｍを全力でダッシュする、という行為が、本当に１００本も続けられるものなのでしょうか。いくら抜群に体力のある人でも、本当に１００％の「全力疾走」をすれば、数回で立てなくなるほど疲労困憊《こんぱい》してしまうのではないでしょうか。それを数十回も続けられるという部分に、もう一つの問題がひそんでいると思います。子どもたちは全力ダッシュといいながら、じつは最後の１本まで体力が持つように、１本１本の力を少しずつ抜いているのでしょう。それは、本来、彼らに身につけさせたい精神ではないはずです。

恫喝《どうかつ》、整列、大声

ある小学校で見た少年野球の練習風景です。

「オラ、何やってんだバカヤロー」。

「行けって言ってるのに何で行かねぇんだ、このアホ」。

「オイ、今のは何だ、どうしてそんなプレーするんだ。もうやめちまえテメエなんか」。

まあ、よくもこんなに人を罵倒《ばとう》する言葉があるものだと思うほど、指導者の口から次から次へと口汚い言葉が飛び出してきます。

私が見たのは、たまたま少年野球だったのですが、サッカーでも、バスケットボールでもバレーボールでも、種目にかかわらず、このような手法で少年スポーツの指導をする人は少なくありません。ミスを見つけ、それを叱って修正させていく一方で、子どもは監督・コーチに叱られることを回避するために努力する。自分のプレーが良かったのか悪かったのか、子どもは監督・コーチに叱られるか否かという基準で判断するわけです。このように、日本ではまだまだ、スポーツは叱られながらやるもの、という感覚が根強くあるようです。

指導者の中には、叱ること、罵倒することで、選手の奮起を促すのだ、とうそぶく人も少なくありません。その言葉に納得している人もいるようですが、本当にそのような手法が効果的なのでしょうか。この世の中に、自分を否定されて、汚い言葉を浴びせられて、自分を向上させていく意欲がわく人がどれだけいるでしょうか。詳しくはわかりませんが、中には、そのように自分を卑下されることに快感を持つ性癖の人もいると聞きます。それでも、それは特殊な例で、ほとんどの人は、自分を否定するような言葉を浴びせられれば、喜ぶどころかネガティブな感情を抱くはずです。

ある力士に聞いたのですが、彼は厳しい兄弟子のしごきに耐えながら「いつか強くなって見返してやる」と強く念じていたそうです。ところが、実際に実力をつけ、昇進して兄弟子を「見返す」ことができた後、自分を高めていくためのモチベーションを失って途方に暮れたといいます。彼には当時、さらに目指すべき上の地位があり、そこまで上り詰めていくために、何をもって自分を駆り立てていこうか、困ったというのです。下積み時代の自分のように、「見返す」というようなネガティブな感情をモチベーションにしているうちは、本当に自分を限界まで高めていくことはできないと、彼は語りました。

この力士が語ったように、人にネガティブな感情を抱かせることで奮起させ、向上心を育てるには限界があります。また、いうまでもありませんが、自分の好きなスポーツをそのような方法で指導されても、決して楽しくありません。それでも近年の若い親たちの中には、指導者が子どもに厳しい言葉で接するような緊迫感のある場面を「スポーツらしい良い環境」と、とらえる向きもあります。自分たちは子どもを厳しく叱れないので、監督・コーチにピシリと指導してほしいというのです。そうした親たちにとっては私の主宰するサッカークラブのように、楽しく、自分らしく、などという理念を掲げている組織は失格のようです。

先ほどの少年野球チームの子どもたちは、さんざん怒鳴り散らされた練習が終わると、一列に並ばされ、端から順に1、2、3、4……と番号を叫んでいました。最後までスムーズに声が続かない場合は「もとへ！」と叱られてやり直しです。昔、どこかで見たような風景です。スポーツで「厳しく」というと、このように必ず恫喝、整列、大声といった要素が揃います。そんな要素が揃う中で指導された子どもたちが、長じて、この国をあらぬ方向に進める人にならねばいいと思う私は、考え過ぎでしょうか。

子どもを脅す指導者たち

セーリックマンというアメリカの心理学者が、犬を使った興味深い実験記録を残しています。身動きできない状態にした犬に規則性のない電気ショックを与え続けると、はじめは逃げ出そうともがいていた犬が、やがて、いかようにしても逃れられないことを悟り、電気ショックの苦痛をただじっと耐えるだけになります。犬には「無力感」、つまり、何をやってもダメだ、という心理が形成されてしまいます。

次に、この犬を箱の中に入れ、照明が暗くなった時に電気ショックを与えるという、規則性のある状態をつくります。その箱の中央には飛び越せる高さの柵が置かれ、犬が柵の反対側に飛び移れば、電気ショックを逃れられるという設定にしておきます。

普通の犬がこのような箱に入れられた場合、何度か電気ショックを受けているうちに、照明が暗くなると電気ショックがくること、また、柵の向こう側に移れば電気ショックから逃れられることを発見し、覚えます。やがて犬は、照明が暗くなると柵の横で身構え、電気ショックがきたら即座に反対側に飛び移れるようになります。しかし、先ほどの「無力感」を形成してしまった犬は、そういう法則性を覚えようとする気力を失い、ただその箱の中でうずくまり、じっと電気ショックに耐えることを続けてしまいます。

この実験は、一度「無力感」を形成してしまうと、本来なら学習可能なことですら学ぶ意欲を失ってしまう、ということを示しています。しかしこの実験には後日談があります。電気ショックがきた時に、犬の首輪を人間がつかみ、柵の反対側に動かしてやることを続けていると、やがて犬も柵の反対側に行けば電気ショックを逃れられることを覚えたのです。早い犬は25回ほど、遅い犬でも１００回ほどそれをくり返すと、最後には自力で柵を飛び越え、電気ショックから逃れられるようになったそうです。一度気力を失ってしまった犬でも、適切な助力を与えれば、再び学ぶ活力を取り戻せるということでしょう。

子どもがスポーツをする上でも、こういった大人の「助力」は重要です。プレー中に指導者や親のかける声も、大切な助力の一つです。子どもたちがプレーの中で、もう一歩勇気が出ない時、失敗を恐れてためらっている時に、「頑張れ」「君ならできるぞ」と励ましの声をかけてあげることは、子どもの能力を引き出す助けになるでしょう。また、一生懸命プレーした後に、結果にかかわらず、「よくやった」「いいプレーだったね」と褒めてやることも、子どもが努力を続けるための励みになります。

しかし、このように子どもを精神的にサポートし励ます声ではなく、大人の怒り、不満、エゴを発散しているだけの声も少なくありません。

「何やってるんだ」「何度言ったらわかるんだ」「ばかやろう」「やめちまえ」。スポーツの現場ではこのような暴言がしばしば飛び交います。このような口汚い言葉で子どもたちを脅す指導者は、自分の指導力の低さを世間に喧伝しているようなものです。

「何やってるんだ」は、そのまま、その指導者の不適切な指導内容への疑問です。「何度言ったらわかるんだ」も、何度も不適切な指導をくり返してきている証拠です。冷静に適切な言葉で指示が出せないからこそ、「ばかやろう」「やめちまえ」と叫ぶのです。指導者がどのような言葉を発しているかは、そのまま、その指導者の能力と、日常の指導内容を表しています。子どもを罵倒するしかできない指導者は、己の指導力の低さを棚に上げ、プレーが上手くいかない責任を子どもたちになすりつけるという、もっとも質の悪い指導者です。

子どものみならず、学校の部活動を含めた青少年のスポーツの現場に出向くと、未だに大声で選手を罵倒する指導者がはびこっています。とくに選手がミスをしたときの怒号は、まさに言葉の暴力そのものです。罵倒することで選手に「悔しい」と思わせ、発奮させるのだ、などという根拠のない言いわけ、つじつま合わせはやめてほしいと思うのです。

よい指導者は勇気づける方法をたくさん持っている

ある心理学の実験で興味深い報告があります。小学生の子どもに、バラバラの文字を使って言葉をつくる課題を与えました。課題は、文字を3つ使うものから6つ使うものまで4種類あります。もちろん、文字数が増えるほど、解決するのが難しくなります。課題に取り組む前に、子どもたちはまず、3文字から6文字まですべての課題を一通り経験し、課題のそれぞれが、どれだけの難易度があるかを知ります。

本番で課題を解く際に、グループは二つに分けられます。一つは「単なるゲームだから」と告げられるグループ、もう一つは「正答の数で評価する」と告げられるグループです。そして、3〜6文字の課題のうち、どれを選ぶかは子ども自身に選択させます。

「単なるゲーム」と告げられた子どもたちは、できるだけ難しい課題に挑戦しようという意欲が強く、平均すると5文字の課題を選択しました。しかし、「正答の数で評価する」と告げられた子どもたちが選択した課題は、平均4文字以下だったのです。いうまでもなく、この子どもたちは評価を意識し、失敗を恐れるあまり、無難なレベルの課題を選択したのです。この子どもたちの心理には、だれでも共感できる部分があるでしょう。

この、文字を使った実験では、「評価される」という心理的負担があるだけで、子どもの中で、自分の能力の限界に挑戦しようとする気持ちが薄れてしまうことが示されました。ならば、スポーツの中で、怒鳴られる、なじられる、時には暴力を振るわれるなど、心理的、肉体的に大きな負担がかかる結果が待っているとなれば、どうでしょう。よほど心理的にタフな子どもでなければ、指導者の顔色を見ながら、初めからミスをしないように、無難なプレーをしようとするのではないでしょうか。

指導者や親など周囲の大人が、失敗したら怒鳴る、なじる、という行動をとっていれば、子どもはやがて、失敗の恐れが少ないプレーしかやらなくなります。しかし、そのようなミスを恐れたプレーばかりでは、たとえばサッカーやバスケットボールでシュートに向かう時のプレーのように、失敗の可能性を多く含みながらも、あえてチャレンジしなければならない、という積極的なプレーはなかなか育たなくなります。

子どもが幼い心で判断し、決断し、プレーに移したことは、大人の目から見れば未熟で不十分なことばかりです。また、時には間違っていることもあります。それでも、その子どもの判断、決断をまず評価し、「なるほど、君はそう考えたのだね」と、認めてやることが大事です。その上で、「こうすれは、もっとよくなるよ」「君なら、きっとできるよ」と、新たにチャレンジする意欲を持続させるような対応をすべきです。「頑張れば、たとえ上手くできなくても認めてくれる」。そう思えば、子どもは次からも恐れずにチャレンジするでしょう。

汚い言葉を浴びせて発奮させるなどというゆがんだ形でなくても、普段使う言葉で人を勇気づける方法はいくらでもあります。

よいスポーツ指導者なら、その表現方法をたくさん持っているはずです。

その指導は「暴行罪」だ

少し前のことですが、ある高校女子バレーボールの練習を見ていた時のことです。試合形式の練習中にミスをしてしまった生徒がいました。すると、ベンチに座っていた監督がその生徒に近づき、その生徒のほおから首筋にかけての範囲に、激しくビンタ（平手打ち）を飛ばしました。数回ビンタを飛ばしてから二言、三言、鬼のような形相で罵声を浴びせると、再びビンタを飛ばします。1回、2回、3回、4回……。ビンタをされた女子生徒は、打たれるたびに、まるでノックアウト負け寸前のボクサーのように、頭をぐらぐらと揺らせながら耐えています。

ビンタを飛ばし、手を止めて罵声を浴びせる、という行為が4〜5回ほど続いたでしょうか。息を荒げ異常な目つきをした監督がベンチに引き上げる頃には、その女子生徒のほおから首筋にかけて、まっ赤な手形が幾重にも重なってついてしまいました。父から伝え聞いた、戦争中の軍隊の上官が行う制裁とはこのようなものだったのだろうか、と思わせるような行為でした。私は、あまりのひどさに絶句し、取材している立場を忘れて、もう少しで「いいかげんにやめろ」と叫び、その監督を女子生徒から引きはなそうとするところでした。

その時、広い体育館の周囲には他の学校の監督、生徒も多数いましたが、あっけにとられて見ているのは私一人だけで、他の生徒たちはそのひどい暴力行為に一瞥《いちべつ》をくれることもなく、整然と練習を続けています。私は、そのような行為が彼女らの中では特別珍しいことではなく、日常的なのだと知り、慄然《りつぜん》としました。その行為が、たとえば公道上で行われたとすれば、間違いなく監督は暴行罪で現行犯逮捕されます。また、仮にその生徒が勇気を出して訴え出れば、やはり暴行罪は成立したでしょう。そのような犯罪行為が日常的に行われ、しかもそれを周囲が何とも思わないような環境ができ上がっているというのは、じつに恐ろしいことではないでしょうか。

もっと恐ろしいのは、そのビンタを飛ばしていた監督が、教師だということです。「先生」と呼ばれ、生徒に教育を与えていく存在である教師が、女子生徒に向かって、目を覆いたくなるような暴力行為をはたらいている。これは、断じて許されざることです。しかし、日本では未だに、放課後のスポーツのクラブ活動（通称、部活）で、監督という立場を持つ教師が、非社会的な、また時には違法な言動・行動を取ることが許されています。殴る、蹴るはもちろん、罵声《ばせい》を浴びせたり、理不尽なトレーニングを課したりすることが、教育者である教師によって行われることが、容認されているのです。

しかし、そうしたひどい仕打ちを受けた生徒側が、教師を訴え出ることは稀《まれ》です。ビンタで鼓膜が破れたとか、蹴られてろっ骨が折れたとか、しごかれて倒れて生死の間をさまよったとか、よほどのことでもない限り、表面化しません。なぜなら、被害を訴え出るにはそのスポーツをその学校の部活で続けることを断念するか、あるいは退学するほどの覚悟が必要だからです。

先日、ある学校関係者から驚くべき事を聞きました。教師にとって、部活の実績が校長や教頭などに向けた昇進の材料になるというのです。プロスポーツの世界でもあるまいし、教育を主とする教師がなぜスポーツの実績で、と思いますが、なるほどと思う実例もたしかにあります。汚い言葉で生徒を罵《ののし》り、非科学的なトレーニングでしごき、時には暴力を振るった人物が、「実績」をあげたということで教育の世界で地位を獲得していけるということが事実であるならば、大いに問題があるのではないでしょうか。

スポーツの目的は「辛いことに耐える力をつけること」?

スポーツ指導者の理不尽な行為について書くと、「私も同じようなことをされた」という体験談が数多く寄せられます。また、「うちの子どもが入っているスポーツクラブでも、今現在、同じようなことが行われている」という親たちの話もよく聞きます。そして、それらの人たちに共通するのは、そうした指導者の理不尽な行為に疑問を感じながらも、現実にはその組織でスポーツを続けているということです。

ある時、アメリカ人の知人とスポーツ談義になった時、彼はこう言いました。

「日本のスポーツクラブでは、指導者が暴力を振るっても選手は文句を言わずに従っている。まったく信じられないことだ」。

さらに、

「日本の学校のスポーツクラブには、クラブの部員が何十人もいて、絶対に試合に出られないとわかっているのに、ただ練習だけをして何年も過ごす人がいる。彼らは何が楽しくてスポーツをしているのか、まったく理解できない」。

もしアメリカなら、どちらのケースでも選手は即刻、そのクラブを辞めてしまうとのことです。そして、自分に合った指導者がいるチーム、あるいは、自分がレギュラークラスで活躍できそうなチームに、さっさと移っていってしまうというのです。

「だってそうじゃない。一生懸命やっているのに、なんで人に殴られなきゃならないの？　なんで試合に出られないのに何年も練習ばかりするの？　そんなこと毎日、続けて何が楽しいの？　何のためにスポーツをしているの？」

日本には、一度足を踏み入れた事から簡単に離れてはいけない、という価値観があります。また、多少自分の意に沿わないことがあっても、しばらくは耐えてがまんしなければいけない、という価値観もあります。そのどちらも、スポーツの世界ではとりわけ強調されています。そしてその延長上に、スポーツでは殴られても、試合に出られなくても、それが後々役に立つ、といったような考え方ができています。理不尽な指導に疑問を感じながらも辞められずにいる人が多いのは、辞めることを「自分の忍耐力が足りずに途中で投げ出すこと」と考え、罪悪感を感じてしまうからでしょう。

スポーツをする目的が「辛いことに耐える力をつけること」、と考えているなら、理不尽な指導を受けることはかえっていい環境なのかもしれません。しかし、苦痛に耐えたいのであれば、冷たい滝にでも打たれて修行する方が効果は高いでしょう。スポーツではたしかに忍耐力も必要ですが、それは、このように理不尽なことに耐えていく力ではなく、自ら目的を持ち、進んで困難に立ち向かい、努力して成果をつかみとるための、前向きな力であるはずです。

大抵の人は、そのスポーツが大好きで、上手くなりたい、強くなりたいという欲求があり、そのスポーツトレーニングを通して、自分をどこまで高められるのか挑戦したい、という意欲を持っているはずです。しかし、殴られることでスポーツが上達することはありませんし、練習しているのに試合に出られなければ、自分の努力の成果も確認できません。そんな環境でスポーツを続けていても、スポーツから得られるべき成果は期待できません。

理不尽な指導に耐え続けるのは、時間と体力の浪費です。そんな指導を受けているなら、迷わず、別の指導者、別のチームを探してみましょう。指導を受ける選手、生徒、子どもの側が、スポーツ指導者、スポーツチームを厳しく選別することも必要です。不適格な指導者が生き残れないように、指導を受ける側が厳しい評価をする必要があるのです。

大人が仕込む反スポーツ行為

私の主宰するサッカークラブの子どもたちが、秋のリーグ戦に参加した時のことです。他チームの試合を観ていて、考えさせられることが多々ありました。

あるチームは、均衡した試合で1点のリードを奪った後、GK（ゴールキーパー）がゴールキックを蹴ろうとする時、仲間のディフェンダーが「もっとゆっくりやって時間を稼げ」と耳打ちし、ボールをわざと置き直してゆっくりと蹴りました。フリーキックを得たときも、転がったボールをゆっくりと取りに行き、蹴る前に何度もボールを置き直し、その上で「場所はここでいいですよね」とレフェリーにしらじらしく問い掛けてから蹴りました。また、交代で退場する時に、必要以上にゆっくりとベンチに向かい、時間を浪費しようとしました。これらはみな、イエローカードの対象となります。

私の指導するチームと対戦した相手は、こんなことをしました。わがチームのエースが見事なテクニックで最終ラインを突破し、GKと1対1になった場面で、相手GKはペナルティエリアの外まで飛びだしてきて、手を使ってシュートを阻止しました。正式にはレッドカード、一発退場となる行為です。わがチームは絶好の位置でFK（フリーキック）を得ました。

わがチームのキッカーがFKを蹴ろうとすると、相手チームのベンチから「下がるな！　蹴らせるな！　そいつの前に立って蹴らせるな！」という監督の怒号が飛びます。相手選手は規定の距離を下がらず、キッカーの前に立ちはだかって、通せんぼのような格好になります。審判が何度か彼らを規定の距離まで押し返して、ようやくキックができる状況になりました。しかしここでも「いいか、蹴られる前に飛び出すんだ、立っていてはダメだ」という相手監督の怒号が飛びます。

わがチームのキッカーが助走を始めると、相手選手が規定の距離を守らずに飛び出して、体当たりしてきます。イエローカードに相当する行為です。キックが不成功になるのを見た相手監督は「そうだ！ そうだ！ それでいい！」と怒号を飛ばします。やり直しのキックの時も、一回目ほどひどくはないものの、やはり相手は微妙なタイミングで飛び出してきます。結局、わがチームのＦＫは失敗に終わってしまいました。

今ここで紹介したプレーはみな、イエローカードあるいはレッドカードの対象ですが、現実にはどのプレーにもカードは提示されませんでした。もちろん、審判のレベルが未熟ということもありますが、それ以前に、子どものサッカーで、こうした反スポーツ的なプレーがあっても「子どもだから」と、厳しくイエロー、レッドを出さないという傾向があることもたしかです。しかし、そのチームはそうした現実をしたたかに利用して、反スポーツ的な行為を当然のように実行しているのです。

プロの試合でこうした行為が日常茶飯に行われているのも事実です。もし将来プロ選手を目指したいならば、きれい事だけでは通用しないので、プロで通用する考え方、行為を子どもの頃から身につけなくてはならない、という考え方もあるのでしょう。しかし、幼い顔をした小学生にこのようなあざとい行為を見せられた時、寒々しい気持ちになるのは私だけでしょうか。

「どうせ審判はイエローやレッドを出さないから、どんどんやってしまえ」という考え方は、子どもたちの中に自然発生的に生まれたのでしょうか。少なくとも私の指導している子どもたちの行動を見るかぎり、そういうことはないと信じます。ＦＫに際してベンチから大声で反スポーツ的な行為を指示し、その成功を良しとしてはばからない相手チームの監督のように、醜い行為を奨励しているのは、そもそも大人なのです。

理想と現実とヤセがまん

私たちのチームが参加したある学年の試合で、こんなこともありました。２対０とリードしている試合で、交代メンバーを投入すると、立て続けに失点を喫して２対３で逆転負けしました。次の試合では、０対０と均衡した展開だったのですが、やはり交代メンバーを投入すると、終了間際に１点を失って０対１で負けました。

新たに投入された子の技量は明らかにスタメンの子より劣っていました。しかし、この交代に関して、プロチームのように、選手投入のタイミングや選手の技量に対するコーチの判断が的確だったかどうかを議論する余地はありません。なぜなら、担当のコーチは、交代した子の技量が劣ることを百も承知で、あえてピッチに送り出したからです。

私たちのチームの指導では、すべての子にできる限り同じ経験を積ませること（平等にというのは不可能ですが）を旨としています。そして、個々の絶対的レベルで日々向上し、それを体感してもらうことを重視しています。そのため、今回のように、試合展開としては交代が不適切であったとしても、あえてベンチの子を出場させる場合があります。その結果、勝てる試合を落とす、という結果になることもしばしばあるのです。

担当のコーチは悩みます。スポーツを教える以上、「勝負」ということを体感させなければならない部分もあるでしょう。勝負の分かれ目で、個々の実力差を冷徹に知ることも必要かもしれません。スポーツというものは、そういう冷徹な現実がつきものなのだということを学ばせるべきなのかもしれません。ましてや、子どもたちが、「交代出場がなければ勝っていたかもしれない」という印象を持つことで、交代出場した子の立場が悪くなることもあり得ます。そう考えれば、勝てるメンバーで固めて手堅く勝利を収めることも必要かもしれません。

しかし、そのように「勝負」を第一義とすると、ベンチに置かれた子は緊迫した公式戦の経験を積むことができません。どちらに転ぶかわからない一進一退の状況の中で、持てる力を全力で発揮して競い合うことがどんなものなのか、知らずに終わってしまうことになります。子どもたちはみんな、毎週、まじめに練習に通い、着実に上達しています。その成果を認めてやるためにも、彼らが真剣に努力の成果を試す場所を与えてやりたいと思うのです。

コーチならだれでも、自分の率いるチームで勝利を収めたいという気持ちがあります。また、いくら少年期の育成に関する理想論を並べても、勝たねば周囲から評価されないという現実もあります。

しかし、そういう生臭い現実の中で、われわれは、いわば「ヤセがまん」をしながらも、少年期にスポーツを学ばせることの意義という、とても重い「本質」を追及しています。

２００６年、都立高校の履修科目の不正が明らかになりました。教育に携わる人々が、「受験」「進学率」という生臭い現実を重視し、「高校時代に学んでおくべきこと」という「本質」をなおざりにした結果です。人を育てる教育者が「なりふり構わず実利を取れ」と率先してカリキュラムを改ざんしたのです。「きれい事ではなく、要は何人、有名大学に進学したかだ」という現実に、教育の理想が敗北したのです。

世の中を動かす大人たちが、このような実利に負けて理想を失うようでは、それを見て育つ若者が将来、「美しい日本」などつくれるわけがありません。お題目を掲げて罰則で縛って「美しさ」を追及する前に、現在、国を動かしている大人たちが自らの生き方を厳しく省みるべきでしょう。そして、われわれのようにたとえ「ヤセがまん」でもいいですから、本来の理想に向かって邁進する姿を示すことが、青少年の教育にとって何より重要なのではないでしょうか。

「反則してもいいから……」と言い放つコーチ

5年生の試合を見ていた時です。その年度の5年生チームは小柄な子が多く、どの試合も劣勢になることが多いのですが、その試合ではみんながよく頑張って、均衡した試合になっていました。ハーフタイムを迎え、それぞれのチームの子どもたちがベンチに帰ってきた時のことです。相手チームの指導者の声が、30mほど離れたこちらのベンチまで聞こえてきました。

「オマエらさ、あんなプレーじゃだめだよ。危ないと思ったらさ、絶対に体をぶつけてでも止めろよ、反則してもいいからさ」。

その指導者は、ベンチに浅く腰かけ、足を前方に大きく投げ出した尊大な姿勢で子どもたちに向き合っています。子どもたちといえば、ハーフタイムだというのにベンチ前に立たされたままで、ろくに休ませてもらっていません。「反則してもいいから勝負に徹しろ」と指導をされたあの子どもたちは、これから先、いったいどういうスポーツの倫理を身につけていくのでしょうか。また、そういう指導者の態度、姿勢を見て「指導者とはこうあるべき」と思ってしまうのでしょうか。

6年生の試合ではこんなことがありました。チームは幸運にもグループリーグを勝ち抜き、決勝トーナメントに進出しました。その決勝トーナメントでのことです。攻撃の中心選手であるO君に、相手DFがひどい反則をしました。ボールを追って全力疾走しているO君の後方から、体をめがけて激しく体当たりしたのです。全力疾走の勢いに体当たりの力が加えられたO君の体は激しく前方に投げ出され、3mほど飛ばされてグラウンドに顔、胸を強くたたきつけられました。

その相手チームの特徴は、その場面に象徴されるような荒々しいプレーで、とにかくボールがきたらコントロールせずに力一杯、前方に蹴ることをくり返し、ボールの奪い合いの場面では反則すれすれの激しさで相手を圧倒します。そういうプレーを普段から徹底的に教え込まれているからこそ、そのDFの子も普段通りO君の体を激しく突き飛ばしたのでしょう。

しかし、それにしてもその時のプレーの乱暴さは目に余るものでした。Jリーグや国際試合なら、2、3試合の出場停止処分を受けてもやむを得ないような、悪質な反則でした。地面にたたきつけられて、痛みと苦しさに悶《もだ》え苦しむO君を見て、さすがに事の重大さに気づいたのでしょう、その子がO君の様子を見に近づいてきました。その時です。

「バカヤロー、どこへ行くんだ。おまえはいいんだよ。何やってんだ、自分のポジションに戻れ！次のプレーがあるんだ」。

相手チームの指導者の罵声が飛びました。相手のことなど気づかっている暇はない、すぐに次のポジションにつけ、試合はすぐに再開されるんだ、ということなのでしょう。この指導者にして、このプレーありなのです。結局O君はプレーを続けられず、検査のために病院に行きました。前半早々に攻撃の中心選手を失ったわがチームは1対2で惜敗しました。相手チームの「エース潰し」はまんまと成功したのです。

私たちコーチ陣は暗たんたる気持ちになりましたが、一筋の光明もありました。O君と交代出場したS君がとてもいいプレーをしてチームに貢献したのです。S君はずっとスタメンではなかったのですが、コーチ陣が常に出場の機会を与えて経験を積ませていました。その成果が出たのです。この時S君がO君の代わりに立派にプレーしてくれたことが何よりの救いでした。

高校野球は「脳まで筋肉」の選手を生み出していないか

2006年春の選抜高校野球の参加チームの一覧には、本来あるはずの高校名が記されていませんでした。出場権を得ながら、部員の不祥事で出場を辞退した学校があったのです。

暴行、飲酒、喫煙、万引き。運動部員の不祥事による大会出場辞退は、毎年くり返され、絶えることがありません。高校野球の場合、注目度が高いのでメディアで取り上げられるケースも多いのでしょうが、私の実体験と取材した結果から見て、こうした不祥事、あるいはそれに類する不適切な事象は、種目にかかわりなく、くり返し起きているようです。

高校野球を筆頭に、日本の学校スポーツでは「教育の一環」が、揺ぎがたい大義名分になっています。強豪校の監督たちは、種目にかかわらず、自身の指導のポイントについて口々に「勝利よりも人間づくり」といった発言をします。実際、強豪校の選手たちは大声で挨拶し、整然と動き、「気持ちの良い、さわやかな生徒」という印象を与えます。それなのに、どうしてその純真無垢の見本のように見える彼らが、じつにくだらない、低俗な反社会的行動をとって、ひんしゅくを買うのでしょうか。

私はそのもっとも大きな原因が、彼らを扱う指導者たちの指導法そのものにあると思っています。

スポーツは身体的な活動でありながらも、一方で、試合中の個々の場面からチームとしての長期の戦略にいたるまで、あらゆる部分で判断力、分析力、理解力といった、知的活動が求められる行為でもあります。しかし、スポーツ指導者の多くは、少年期から、こうした知的部分の訓練をおざなりにしてしまうのです。スポーツをする者自身の判断力を研ぎ澄ますことよりも、指導者のいいなりになること、機械的な反復性を高めていくことを求めてしまいます。その結果、体は人並み外れてよく動くものの、知的判断力は一向に鍛えられない、という、「脳まで筋肉」とたとえられるような選手が生み出されていきます。

一つひとつのプレーで指導者の顔色をうかがいながら動いてきた経験、指導者のいうなりに機械的に動くことで認められてきた経験が積み重なれば、やがて自立した知的判断力の未熟な、叱責や罰など外部の強制力がなくては自分をコントロールできない人間が育ってしまうことは明らかです。そして、そんな彼らが、自分を縛る鎖がないところで、自分をコントロールする力を試されるような場面に遭遇した時、どういう行動を取ってしまうかは目に見えています。

抵抗できない相手に暴力的な行為をはたらくこと、法律で禁じられた飲酒・喫煙をすること、ものを盗むこと、こうした行為がどういうことなのか、あるいは、仮にそういうことをしたいという歪んだ誘惑にかられたら、どうすればいいか。それらはみな、ほんの少し「考えれば」わかることです。

考えて、判断して、自分をコントロールできてこそ、本能にまかせて生きる動物と違う、知性のある人間の行動なのです。先生や監督の睨《にら》みが利いていないところなら、人が見ていないなら、感情や欲求のおもむくままに行動してしまうというのでは、自立した知的存在としての人間とはいえません。

スポーツ指導者は、自分のいうなりになるだけの動物的な選手を育てるのでなく、自分の頭を使って「考える」選手を育てることが必要です。一つひとつのプレーの場面から日常の行動にいたるまで、常に各自が考え、判断し、吟味して行動する。そういう習慣をスポーツを通じて身につけることこそ、もっとも「教育的」な行為なのではないでしょうか。スポーツ指導者が、自分の頭で考えられる自立した「大人」のスポーツマンの育成に邁進すれば、低俗きわまりない事件に振り回されることもなくなるでしょう。

渡辺智久さんと松坂選手の自由な言動

２００６年春の選抜高校野球で私立横浜高等学校が優勝しました。監督の渡辺智久さんについてメディアがさまざまに取り上げましたが、私も渡辺さんには思い出があります。

ある企画で渡辺さんにインタビューする機会を得た時のことです。私は、スポーツ強豪校の監督には、どちらかといえば批判的な意見を多く持つ人間です。渡辺さんと会う前にも、「聞くことに対して返ってくる答えは大方予想できる。よくある人生論に終始するのだろう」とあまり乗り気ではありませんでした。しかし、実際に彼に会って、考えが変わりました。渡辺さんはとても柔軟な考えの持ち主で、年々、あるいは日々、自分の視点を見つめ直し、進化している人だと感じたのです。

渡辺さんもご多分に漏れず、若い頃は鉄拳制裁の熱血先生だったようです。痛みと恐怖と威厳で有無を言わせず押さえつける。生徒の言い分になど聞く耳を持たない。自分についてこられないヤツは帰ればいい。そんな特攻隊長のような指導をしていた時期もあると、笑いながら話していました。しかし、生徒の気質、世情は年々、変わります。野球の指導方法、生徒の教育方法にもさまざまな研究が進みます。その中で渡辺さんは、どういう指導方法が高校生を育成するのにふさわしいのか、常に悩み、試行錯誤したといいます。

松坂大輔投手が大活躍した年、横浜高校は甲子園で大苦戦をした試合がありました。松坂投手の力投の末、なんとか試合は勝利を収めましたが、並外れた投球数で肩を酷使した松坂投手の翌日の連投があるのか、世間の耳目を集めました。勝利者インタビューのお立ち台の上で、松坂投手は笑顔で断言しました。

「明日は投げませんよ」。

監督と相談もせず、監督の顔色もうかがわず、自分のコンディションを考えて「明日は投げません」とメディアに向かって断言した松坂投手。選手が監督の言いなりになるシーンばかり見ていた私にとって、この松坂投手の姿は嬉しい衝撃でした。言い換えれば、松坂投手がそういう発言を自由にできる環境を、渡辺さんがつくっていたということです。このことを渡辺さんに聞くと、「以前の私なら、何を勝手に言ってるんだって、ぶん殴ってたでしょうね。でも、あれを聞いて、そうか、明日は休ませてやろうと思いました」と笑っていました。

私はその時、渡辺さんに、松井秀喜選手が高校時代に体験した5打席連続敬遠のことについても質問しました。あの方法について、ご自身はどう思うのか、同じ場面に遭遇した時、渡辺さんがピッチャーの側の監督だったら、どのように対処させたのか。渡辺さんはこう答えました。

「以前の私だったら、同じように敬遠させたでしょうね。ルール上は何も問題はない。エースに打たせないことは当たり前の戦術です。勝つことしか考えていなかった時代の私なら、敬遠させたでしょう。しかし、今は違うだろうな……」。

しばし沈黙した後、渡辺さんはこう言いました。

「ルール上は間違いがなくても、見ている人の多くが、おかしい、変だ、と思うことなら、それはやっぱり高校生を扱う者として、やるべきではないでしょうね。実際、3年間歯を食いしばって頑張ってきた生徒が、かわいくて、どうしても勝たせてやりたい、という気持ちになることもある。だけど、やはり、世間の人々に受け入れられないことは、だめでしょうね」。

渡辺さんは、社会科教師の資格を取り、インタビューした時には授業を受け持っていました。どんな授業をするのですか、と聞くと、「教科書なんて、ほとんど使わないね」と言います。

「いかに生きるか、ということを、いろいろな形で話していますよ。たとえば、大地震が起きて、町中の人が死んでしまって、君だけが一人、生き残ったら、まず何をする、なんてね。腹が減って、雑草が生えているのを見つけたら、どうやって食う、毒かあるかないか、どうやって判断する、なんてね」。

次々に授業の一例を話してくれたのですが、どれも面白く、引き込まれた思い出があります。結局、渡辺氏は、授業の中で、常に場面場面で自分の的確な判断を働かせ、決断し、分析し、情報を蓄積して次の場面に備えろ、という点を協調しているのだということがわかりました。渡辺さんは、高校生を扱う指導者として、注目すべき人だと思っています。

「軍隊調」のボランティア指導者

「永井さん、少年サッカーに詳しいんですよね。ちょっと聞きたいことがあるんですよ」仕事で知り合った友人が、こう言いました。

「じつはね、私の小学生の息子が少年サッカーチームに入っているんだけど、試合する時にいつも監督が『怖がるな』って怒鳴るんですよ。だけど、そう強く怒鳴られるほど子どもたちはガチガチに硬くなって、全然いつものプレーができなくなる。親として、子どもにどうやって声をかけてあげたらいいんですか」。

なるほど、よくある話です。「怖がるな」「ミスするな」「外すな」などなど、「××するな」とネガティブなことを言われれば、子どもならずとも、そのことを強く意識するあまりに、体の動きがぎこちなくなるものです。友人の問いに対する回答は簡単です。「××するな」ではなく、その子のできることを「○○しよう」と、ポジティブな表現を使って励ましてやればいいのです。つまり「ボールの取り合いの時に勇気を出して向かっていこう」と言ってやればいいのです。

私の話に「なるほどね」と友人は納得しましたが、話を聞くうちに、もっと深刻な問題が浮かび上がってきました。じつは彼の息子がいつも「怖がるな」と怒鳴られることは、ほんの一例に過ぎず、日頃からその指導者には、いろいろと問題行動があるとのことです。

たとえば、その指導者自身の息子をエースと位置づけ、その子にパスを集めるような指導を徹底していることなども、その一つです。指導法などについて質問すると「地域の指導者間で共通理解したコンセプトがある」などと、いかにも最新のプログラムを知っているかのように話すのだそうですが、現実には「怖がるな」「逃げるな」「体ごとぶつかれ」などと、友人の言葉を借りれば「軍隊調」の叱咤をするばかりなのだそうです。友人はため息交じりにこう言いました。

「やっぱり、地域のオヤジのボランティア指導ってのには、限界あるよな。指導上、問題があっても、プライベートの時間を潰して『やっていただいている』という形になるから、親としては、おいそれと文句が言えない。ダメ指導者だから代わりを探せといっても、オレたち素人じゃどこをどう探していいかもわからないし……」。

スポーツ指導を無償のボランティアで行うというのは、日本で長い間実践されてきた方法です。現在でも、学校の運動部の活動などでは、土日を返上し、私財を投じて指導する熱血先生が、そこかしこに存在します。とくに、少年期のスポーツ指導においては、料金を徴収して指導するということに対しては、「スポーツでカネをとるのか」と、一種の抵抗感を持つ人も少なくないようです。

無償のボランティア指導は、たしかに崇高な行動だと思います。人によっては、アマチュアでありながらも、プロも顔負けの活動を行っている人もいます。しかし、ボランティアは「仕事」ではありませんから、義務や責任といったことに関して、弱い部分もあります。ボランティアの恩恵を受けている側としては、あくまでもボランティアを行う指導者の意志と都合に100％依存するしかなく、その行為に感謝こそしても、指導内容に厳しい要求をつきつけることはなかなかできません。そこで不適切な指導や、行きすぎた指導などがあったとしても、うやむやで終わってしまう例が多くなります。

たとえ少年相手でも、ましてや競技として本格的な活動をしたいと望む中学、高校の生徒たち相手ならなおさら、専門の知識、技術、経験に裏付けされた指導法を持つプロの指導者が「仕事」として、義務と責任を負ってスポーツ指導をする環境をつくることは、不可能なのでしょうか。しかし、そういう環境づくりを進めない限りは、ボランティアの指導を受ける側である少年、あるいは生徒たちの多くは、偶然に「当たり」の指導者に巡り合うことを祈るしかありません。

ちなみに、私はとある専門学校の講師をしていますが、受け持つ生徒にレポートを書かせると、「高校時代、顧問の先生とソリが合わなくて（運動部を）退部した」と書く生徒が、毎年必ず10人以上はいます。

お父さんの十箇条

私のサッカークラブに、いつもバッグの中にお父さんが書いた十箇条を持たされている子どもがいました。それには「ボールを持ったら絶対に離すな」「競り合いには負けるな」などということが書かれていました。その子は比較的おとなしい子で、以前はその十箇条を実践できるようなタイプではありませんでした。しかし、私たちのクラブの環境で楽しくボールを蹴る中で、少しずつ自信をつけ、やがて、チームの中心として活躍できるようになりました。

ある時、その子の親御さんが退部を申し出てきました。話を聞くと、近隣の勝利第一主義の強豪クラブに移籍させたいというのです。私は、そのクラブは私たちとはまったく反対の指導方針であり、そこにあるのは少年スポーツの精神に反する世界であることを説明しましたが、聞き入れてもらえませんでした。あの十箇条をもたせるような親なら仕方がないと、私たちはあきらめました。

私の指導しているクラブでは、指導者が子ども一人ひとりをよくみる、ということをモットーにしています。子どもを勝つためのマシンにするのではなく、子どもそれぞれが、自分の能力の範囲で充実感を感じるような環境づくりを心がけているのです。ところが、保護者の方たちの中には、そうした指導が生ぬるいという方もいます。もっとビシビシと勝つための方法をたたき込んでくれというわけです。そうした勝利第一主義の環境を求めて、他のクラブに移籍していくというケースも時々あります。

それからしばらくして、その退部した子の親が、私のクラブにやってきました。驚いたことに、今度は弟を入会させてほしいというのです。私たちのクラブの指導方針が納得できないから兄を辞めさせたはずなのに、弟を入会させようというのは、じつにおかしな話です。よくよく調べてみると、移籍した兄に似ておとなしい弟にも、しばらくは私たちのクラブで丁寧な指導をしてもらい、自信のついたところで勝利第一主義のクラブに移籍させようという考えらしいのです。

計算高いといえばそれまでですが、そのような方法を自分の子どものスポーツで実践するのはいかがなものか、と考えさせられました。もちろん、一つのクラブに居続ける義務などだれにもありません。私も、義理人情のレベルでクラブ間の移籍をどうこういっているのではありません。ただ、スポーツだけではなく、何を行うにせよ、成長過程の子どもに接する時には、大人には常に教育的配慮が求められるはずです。「本来、人としてどうあるべきか」ということを示す必要があるのです。しかしながら、その親の行動には、あまりにも生臭い計算が前面に押し出されすぎていると感じました。

私たちのクラブを辞めた兄は、元のチームメイトたちと同じ学校、同じクラスに通っています。その仲間たちから、彼はどのような目で見られているのでしょう。また、移籍先のクラブは私たちのクラブと同区内で、大会で対戦する確率も高くなります。試合会場で元チームメイトや私たちに出会った時、彼と両親はどのような顔をするのでしょうか。

そして、弱いと思われていた私たちのチームが年々、力をつけて、仮にいつの日か彼の移籍先のチームに勝ってしまうようなことがあるとしたら、その時、彼はどんな思いを抱くのでしょうか。

その両親にはもちろん、そんなことまで想像する心の奥深さはないでしょう。彼らは、とにかく今の時点で自分の子どもが活躍する環境さえ得られればいいのです。そのための手段としてクラブを渡り歩くことなど、何でもないことなのでしょう。

わが子さえ良ければいいの

スポーツを通じて青少年を育成していくうえで、すべての役割をコーチが担うことはできません。なにより、子どもたちの親との協力が必要です。コーチと親が子どもを育てていくうえで、共通の価値観を持つことが理想です。ところが、これがなかなかうまくいきません。

私たちのサッカークラブには、中学生の部もあります。その活動には夜間にナイター設備のある学校開放を利用しています。中学生には、通っている学校のサッカー部に入部するという方法がありま す。しかし、運動部の持つ体質など、学校のサッカー部の環境に満足できず、別の形でサッカーを習いたいと思う子どもは、クラブに入会してきます。そして、そのクラブにもそれぞれにチームカラー、指導方針がありますから、子どもたちは自分に合ったチームカラー、指導方針のチームを選びます。

ある年、当時3年生だったA君も、わがクラブのチームカラー、指導方針に賛同し、遠いところから時間をかけて夜間の練習に通ってくれていました。

その年の中学生チームは、春から一貫して、秋のとある大会を目標にして頑張ってきました。その大会は、クラブと学校のサッカー部が同じ土俵で戦える大会で、地域の予選から始まります。夏の遠征も終え、9月になって一つの大会をこなし、目標の大会に向けていい感じでチームが仕上がってきたある日、A君が突然、チームを辞めたいといい出しました。理由は、例の目標にしてきた大会に、私たちクラブの部員としてではなく、自分の通っている学校のサッカー部の部員として出場したいというのです。その学校のサッカー部が強いので、地区の予選を突破できそうだというのです。

クラブの入退会はたしかに個人の自由意思ですが、この場に及んでの退部は極めて問題があります。A君はずっとレギュラーの一角としてプレーし、チームもA君がいるものとしてつくられてきました。今年最大の目標として、4月からチーム全員で共通理解していた大会の直前での離脱は、チームにとって大打撃です。担当のコーチは、まずその点から説得しました。

「4月の段階、あるいは、少なくとも1学期終了時点に言い出すならともかく、大会直前の離脱は問題だ。後に残された仲間のことを考えてみよう。チームの構成はもうやり直せない。みんな君と一緒に2年半、頑張ってきた」と。

同時にそのコーチは、倫理の点からも説得しました。「チームを天秤にかけて、大会直前に強い方への所属を選ぶ、という考え方、行動をとることは、人間としてよいことではない」と。また、そうした行動をとることを認めてしまえば、チームという概念が揺らいでしまう、と。金銭と契約で割り切って動くプロなら、一人の選手が別のチームに移っても、同じように金銭と契約で別の選手を獲得すればいい。しかし、教育的意義も含む中でつくられる少年スポーツの中で、そうした考えで直前離脱するというのは、容認することができない、と。

コーチはそうしたことを丁寧に説明しましたが、A君は私たちのチームを辞めて学校のチームに移るという意志を曲げません。お父さんとも相談しましたが、「子どもがそう言うので」と、A君の選択を尊重する態度でした。ここまでくれば、もう説得してもムダです。私たちコーチ陣は最後に、「これから自分のすることが、どういう結果を生むか、よく考えなさい。残された仲間が君をどう思うか、想像してみなさい。また、もし仮に、君のチームの方が先に負けるようなことがあったら、どのように笑われるのか、想像してみなさい」と言いました。

彼は、「そんなことはない」という顔をして、辞めていきました。

コーチの説得にもかかわらず、彼は大会直前になって地元の中学校のチームに移っていったのですが、直前になってのメンバーの組み替えは、チームに大混乱をもたらしました。それでも、残ったメンバーは強く結束して、1回戦を延長戦の末に乗り切りました。

時を前後して、信じられないことが起きました。A君が、父親とともに、担当コーチのもとを訪れ、「もう一度チームに入れてほしい」と言ったのです。聞けば、移った先のチームは結局、別の地区の予選の一回戦で敗退したとのこと。そこで3年生は受験のために自動的に全員引退となり、サッカー部の活動は以降、2年生以下になった。しかし自分はもう少しサッカーを続けたいので、もう一度、チームに戻ってボールを蹴らせてくれないか、と頼みにきたというのです。

彼は耳を疑い、唖然《あぜん》とし、父親の顔をまじまじと見てしまったと言いました。退部を言い出された時、「自分がどんな形でチームを離れるのか、その結果、残されたメンバーがどういう思いを抱くのか、そういうことを十分に考えてほしい」と、彼は終始、説得しました。そして、「それでも、この段階になってチームを離れていくというなら、チームメイトとも、コーチ陣とも、今後、良好な人間関係を保つのは難しくなるだろう」と、重ねて強調していました。さらに「自分の身勝手を優先させるために、チームメイトへの配慮を欠く行動をとることを容認するのは、本人にとって教育的によくない」ということも、父親に訴えていました。それでも、その親子は大会直前に移籍していったのです。

ここで再入部を認めてしまえば、その中学生に対する教育的配慮は地に落ちてしまいます。自分がどういう行動をとっているのか、しっかり考えてほしいと思い、彼はその中学生と父親に対して、はっきりと再入部を断りました。その話を聞き、私は彼が中学生の年代の子どもを預かる指導者として、正しい決断をしたと思いました。

この一連の騒動をその担当コーチと話しながら、私たちは大きな失望感を抱きました。それは、A君の父親に対する失望です。わが子かわいさのあまり、という心情は理解できます。しかし、なぜ、その父親は、再入部を求める前に、わが子を諌《いさ》めてくれなかったのでしょうか。再入部したいと言ったわが子に対して、なぜ、「おまえ、何を言っているんだ。どういう顔をしてコーチや仲間の前に行くんだ。自分のしたことをよく考えてみろ」と、言ってくれなかったのでしょうか。自分の子どもが望んだ形でプレーできるなら、何でもいいのでしょうか。そういうやり取りを端で見ている自分の息子が、将来、どのような倫理観を持つか、ということに対して、想像力が働かないのでしょうか。

私たちスポーツの指導者は、スポーツの技術、戦術を切り売りするだけではなく、子どもの人間的、社会的な成長・発達にも大きな配慮をします。そして、それらを効果的にするためには、一日に数時間触れ合うだけのスポーツ指導者が奮闘するだけでは不十分です。スポーツ指導者以外の大人、とくに両親の協力が欠かせません。子どもたちの両親が、スポーツ指導者と同じ価値観、倫理観を持って子どもたちを育てていかねばならないのです。しかし、今回の中学生の父親のようなケースがあると、私たちの指導も台無しです。

「やり直せ、うちの息子はかぜをひいていた」

私のサッカークラブの子どもが通う小学校で、こんなことがありました。運動会のリレーの選手を選ぶために、体育の時間に競争をしました。選手の座を獲得する候補と目されていたのはA君です。ところが、予想に反して1位でゴールしリレーの選手になったのはB君、わがクラブの部員でした。スポーツの結果が予想外の結末になることはよくある話です。

ところが、翌日、負けたA君の母親が担任に抗議にきたといいます。「自分の息子は昨日、かぜをひいて体調がよくなかった。そんな状況でリレーの選手選考の競争をするのはよくない。うちの息子の体調がいい日にもう一度、やりなおしてほしい」と担任につめ寄ったというのです。じつにバカげた話なのですが、驚いたことに、担任は再レースを認めたのだそうです。その結果、後日、万全を期して再レースに望んだA君は僅差でB君を破り1位を獲得、選手の座を奪い返したというのです。私はこの話を聞いてあきれてしまいましたが、そのA君親子が、近隣の勝利第一主義のサッカーチームに所属していることを知り、さもありなんと思いました。

ともあれ、A君の母親には、本来ならリレー選手の選考レースに負けて帰ってきた息子に、スポーツと勝負の意味を教育するチャンスがありました。

「本当に速いのはあなたかもしれないね。でも、体調が悪かった以上、仕方がないわ。決められた日、時間に、決められた形で競争をするという約束のもとに、各自が調子を整えることも大事なの。それに合わせて体調を管理するのもスポーツの能力の一つなのよ」。

母親なら、落ち込んでいるA君にこんな言葉をかけてほしかったと思います。そして、さらに、次のようになぐさめてやれれば、よりよかったかもしれません。

「でも、あなたは来年またチャンスがあるからいいじゃない。オリンピックの選手は、4年も待たなければならないのよ。今度は絶対にかぜをひかないように気をつけようね」。

しかしその母親は、何が何でもわが息子がリレーの選手にならねば気がすまなかったのでしょう。母親のエゴにもあきれますが、同時に、母親の言い分を認めて再レースを実施した、担任教師の節操のなさにも驚かされます。A君の母親が再レースを申し入れてきた時に、なぜ担任は頑として拒絶することができなかったのでしょうか。「お母さん、それをやってしまってはスポーツの意味がなくなります。フェアという概念が崩れてしまいます」と、どうして言えなかったのでしょうか。

先ほど紹介した、チームを移った中学生の父親もこの母親も、また学校の教師も、スポーツ体験を通じて子どもを教育する絶好のチャンスを迎えているにもかかわらず、それを逃しています。それどころか、本来、人として正しく認識しなければならないはずの倫理、良識といったものを、ねじまげるような行動をとってしまっています。これではスポーツに親しむことが人生の糧になるどころか、人生の裏道を学ぶことになってしまいかねません。大人がこんなことを続けていたら、決してスポーツを通じて「良い子」は育たないはずです。

自分の思い通りに動かないとイライラする親

スポーツをする少年たちにとって、試合中の肉親の声援は心強いものです。子どもたちに「頑張って」「しっかりね」といった、精神的な励ましをする分にはいいのですが、「こうしろ、ああしろ」というように、技術、戦術的な指示まで送る親がいます。これは問題です。

スポーツのチームは、コーチから出されるいくつかの指示に従って試合に臨みます。とくに子どもは、一度にいくつもの課題をこなすことは不可能ですから、コーチはなるべくポイントを絞って子どもに指示を与えます。相手のあることですから、試合中にその課題をクリアすることは、なかなか難しいものです。それでも子どもたちは、なんとかその課題をクリアしようと頑張っています。しかし、そこに、まったく別の視点から技術的、戦術的な声援が飛ぶと、子どもたちは混乱してしまいます。

たとえばサッカーの試合で、コーチから「丁寧にボールを扱ってみよう。味方どうしで、パスをつないでシュートまでいってみよう」という課題が出されていたとします。しかし、試合で子どもたちが劣勢になると、見ている親たちはつい、「もたもたパスなんかしていないで、大きく思い切って蹴りなさい！」と叫んでしまいます。コーチが「丁寧にプレーすることが目標」という一方で、親は「大雑把なキックでいいから陣地をばん回しろ！」と叫ぶ。これでは、子どもは困ってしまいます。

こんなこともありました。サッカーのハーフタイムに、コーチが後半に向けての指示をしました。しかし、コーチの話が終わるやいなや、自分の子どもを選手の輪から外に連れ出して、個人コーチをする父親がいたのです。「いいか、後半はこうするんだぞ」と事細かに自分の息子に指示を出しています。これでは、いくらコーチがポイントを絞って話をしても、意味がなくなってしまいます。子ども自身も、コーチの指示を守ったらいいのか、父親の指示を守ったらいいのか、混乱します。

最近の母親たちの子育てを見ていると、物事の一つひとつに、子どもたちにうるさく口を出すという場面によく出くわします。「ああしなさい、こうしなさい」と事細かに指示をし、同時に「早くしなさい」とせかします。子ども自身はそれなりに動いているのですが、どうしても大人のペースからみればもたついてしまう。そこで、マシンガンのように指示をした揚げ句に「もう、しょうがないわね」と、待ちきれずに手を出して手伝ってしまう。そんなシーンをよく見るのですが、試合で応援している母親たちを見ていると、「ああ、同じだな」と思ってしまうのです。

自分の子どもが、自分の思い通りに動いていないとがまんできない。何とか自分のイメージ通りに動かそうとする。だから、必死に頑張っている子どもに対して、「なぜできないの」「だめじゃない」といった、否定的な言葉をかけてしまう。一番、自分に近い存在であり、本来ならもっとも自分を力づけてくれるはずの親が、口を開けば否定的な言葉を発する。これでは子どもがかわいそうです。

私はよく、そんな母親に向かって言います。

「お母さん、自分が息子さんと同じ年の頃、どんな子でしたか。今、お母さんがイメージしているような立派な子でしたか。自分の子どもにあまり多くのことを一度に望まないでください。また、お母さんが子どもの頃、今の息子さんのように上手にサッカーができましたか。いや、今現在でも、息子さんより上手にサッカーができますか。できないでしょう。彼は今、親ができないことをしているのですよ。すごいでしょう。どうぞ叱らずに褒めてやってください」。

子どもの指導は50％、あとの50％は親たちの教育

ある新聞の特集記事で、子どもの万引きについてレポートされていました。コンビニや本屋で子どもによる万引きがあった時、従来なら親に連絡して処理していたようですが、近年では、すぐに警察に連絡する店主が多いといいます。それは、万引きをされた店主が子どもの親を呼びつけても、その

親自身が自分の子どもの行った行為を犯罪だとは認めず、逆に開き直り、店主を非難したり罵倒したりするケースが多くなったからだと書かれていました。

店主に呼びつけられた自分の親が、万引きをした自分を叱るどころか、「そもそも万引きされるような陳列、警備に落ち度があるのだ」とか、「金さえ払えばいいんだろう」と、逆に店主に食ってかかる。そんな場面を見せられた子どもは、その後いったいどのような社会性や道徳観を身につけていくのでしょうか。

自己主張と権利意識だけは一人前の半面、「社会の中の自分」という俯瞰《ふかん》した視点を持たない、社会的に未成熟な親に育てられた子どもは、必然的に親と同様の生き方をすることになるでしょう。混んでいる電車で二人がけの席を独り占めしたり、大きく足を組んで座っていたりする若者は、こんな家庭環境から育つのではないかと思います。

ところで、私がサッカークラブの運営を始めてから、かれこれ30年近くがたとうとしていますが、その間、世相も大きく移り変わりました。とくに近年強く感じるのは、親たちの変化です。

たとえば、練習や試合が終わって、コーチ陣が手分けして用具の後片づけをしていると、以前なら、お父さんたちが進んで手伝ってくれたものです。もちろん、用具の片づけもコーチの仕事ですから、手伝ってもらうことが当たり前だなどとは、決して思っていません。しかし、お父さんたちが状況を察し、気を回して手を貸してくれる姿を見て、「さすがに社会に出て揉まれている人たちだな」などと感心したりもしていました。また、そうした触れ合いを通じて、お父さん方の人柄を把握することもできました。

ところが、ある年代の親から、そうした行動がほとんど見られなくなりました。それは、大雑把なくくり方で言えば、今の40歳代前半くらいの親の世代からです。練習の開始時間に子どもをつれてきて、終了時間につれて帰る。顔が合えば挨拶程度はするものの、それ以上は私たちとのコミュニケーションがありません。コーチたちの片づけを手伝ってもらうことも、ほとんどなくなりました。「すみません、お手伝いお願いします」と声をかければ、手を貸してはくれますが、以前のように「手伝いましょうか」と自ら進んで申し出る人はなくなりました。

また、近年では電話連絡網のトップを決めるだけでも紛糾する学年がありました。その学年では結局、3カ月ごとにトップが交代し、1年で4回、連絡網をつくり替えるという結果になりました。その学年の担当コーチはまだ20歳代ですが、「電話を2件か3件、回す役を引き受けることが、そんなに大変なことなのでしょうか」と困惑気味です。

こうしたサッカークラブの親たちの様子を見ていても、物事を見る視点が自分の周辺からなかなか広がらず、いわゆる「大人」を感じさせる部分が少なくなっている人が増えていることを実感します。本人に悪気があって自己中心的になっているというわけではなく、むしろ、親になる年齢になっても、社会的な視点が十分に熟成されていないという印象です。

私は常に若いコーチたちに言っています。「少年スポーツの指導者としての力は、50％は子どもたちを導くことに対して発揮され、残りの50％は親たちを教育していくことに発揮される」と。

挨拶できない大人

少年サッカーの練習試合をしました。会場は私の指導するチームの地元の小学校です。私が準備でグラウンドのラインを引き終わる頃、門の扉が開き、対戦相手の子どもたちを乗せた大きなワゴン車が進入してきました。じつは、事前の打ち合わせで、車は校舎裏の駐車場に入れる約束になっていたのですが、どうやら連絡がうまくとれていなかったようです。ワゴン車は私のチームの子どもたちを押しのけるように、体育館の脇に次々と3台が進入していきました。スライド式のドアが開いて、バラバラと対戦相手の子どもたちが降りてきました。

運転しているのは子どもたちのお父さんで、つき添いのお母さんたちも数人、降りてきました。私は常識から考えて、すぐにそのお父さん、あるいはお母さんのだれかが私のところに挨拶にくると思っていたので、その時に車の移動をお願いしようと思っていました。しかし、グラウンドの隅でラインカーを抱えて立っている私の所には、だれ一人、挨拶に来ようとしません。それならと、私の方から彼らに近づいていきました。

私は、その父兄の顔をじっと見ながら、ほほ笑んで近づいていきました。10ｍほどの距離に近づいて、一度、目と目が合ったので会釈しようとすると、すっと目をそらされました。その時の私は、別に目をそらされるような不審ないでたちではなく、ラインカーを抱えて、ユニフォームを着ていますから、試合に招待した側のチーム関係者であることは一目瞭然です。それでも、目をそらすのです。

私と一人のお母さんの距離が3mくらいに近づきました。どう考えても、私がにこやかに近づいていることには気づいているはずです。それでも、そのお母さんは、ずっとあらぬ方向を見ています。1mまで近づいて「こんにちは、○○チームの方ですか」と私が話しかけると、はじめてその人は私の方を向き「あっ、そうですけど」と答えました。私が「今日はよろしくお願いします」と頭を下げると、「あっ、ああ」と、意味不明な言葉で答えます。

「申し訳ございませんが、車は裏の駐車場に止めることになっています。移動をお願いできますでしょうか」と私が言うと、その人はすぐに振り向き「ねぇ、ここだめなんだって、裏だって」と言いながら、車の方に立ち去ってしまいました。言われたお父さんたちも、「なんだよ」といった不服そうな顔をして再び運転席に乗り込みます。その間、彼ら、彼女らからは一言も、「こんにちは」「よろしくおねがいします」といった、挨拶の言葉を聞くことはできませんでした。

まず、車を校内に入れる前に、「今日お世話になる○○チームの者ですが、車を入れる場所はここでいいでしょうか」と聞くべきだと考える私は、堅物でしょうか。グラウンドで相手チームの関係者を見かけたら「今日はよろしくお願いします」と挨拶するのが常識、と考える私は、形式ばっているのでしょうか。これから交流しようとする人物がにこやかに近づいていのに、知らんふりをしているのはおかしい、と考える私の感覚が間違っているのでしょうか。車を止める場所が間違っていたら、一言「すみませんでした」と言うべきだと考える私は、おかしいのでしょうか。

少なくとも私は、いまあげた程度のことは、社会の常識だと思っています。しかしその日は、大人が6~7人いても、だれ一人、そうした小さな常識を遂行することができなかったのです。こんな親たちの行動を日々、見せつけられている子どもたちの社会性、道徳観が崩れていくのは当たり前だと感じました。日常の常識が育まれずして、スポーツを通じた人間づくりなど到底できません。

乗り合いでいこうよ

クラブの若いコーチが愚痴をこぼしていました。

子どもたちが遠征試合をする時、試合会場が交通不便な場所にある場合、車で移動することがあります。その際、コーチの車だけでは子どもたちが乗りきれないので、父兄に車を出してもらい、引率のお手伝いをお願いすることがあります。ところが、彼が指導する学年では、そうしたお願いをしても、だれ一人、車を出してくれる父兄がいないというのです。

「今は昔と違って、父兄も土日に関係なく忙しいからね」と私が言うと、彼は首を振りながらこう言います。

「何か用事があるなら、仕方がないですよ。それで、こちらもいろいろと苦心して、友だちにワゴン車を借りたりして、子どもをつめ込んで会場まで行くじゃないですか。ところが、試合の開始時間になると、ほとんどの父兄がちゃんと応援に来ているんですよ、しかも自分の車に乗って。あれれ、車、出せないんじゃなかったのっていう感じなんですよ」。

彼はこう続けました。

「それでね、それなら帰りくらいは協力お願いしますって、普通は思うじゃないですか。たとえば、同じマンションに住んでる子とか、近所の子とか、一緒に乗せて帰れませんかって。でもね、試合が終わるとさっさと帰っちゃうんですよ、自分たちだけで」。

彼は不安げに私に問いかけました。「そういう神経がおかしいと思う、僕が間違ってるんですかね」。

その若いコーチに対して、「いや、君の神経は正常だよ」と言ってやった方がいいのか、それとも「今はもう、そういう時代じゃないんだよ、考え直した方がいいよ」と言ってやった方がいいのか、私にもわからなくなりました。

その学年は、受験の準備で塾の実力テストを受けるため、土日の試合には来ないという子が多く、メンバーを欠いて試合をした機会が多い学年でした。公式戦のエントリーが迫った時期にコーチと父兄が話し合いをしたことがあります。受験組の子が揃って抜けると11人のメンバーが揃わないので、参加申し込みをどうしたらいいか、という議題でした。8人、9人しか来られないという状況で、大会にエントリーすべきかどうか、もしするなら、どういう方法があるか、ということを話し合いました。

その時、当の受験組の親が、自分の子を欠場させることを棚に上げて、こう言いました。

「ウチらの子どもが抜けて人数が足りなくなった分だけ、下の学年の上手い子を入れればいいんですよ」。

しかし、下の学年も、同様に大会にエントリーしています。エース格の子を2〜3人、上の学年にもっていかれれば、戦力は大幅にダウンしてしまいます。下の学年の子たちも、ベストの戦い方をしたいだろうから、それは無理でしょうと言うと、その親は「でも、ウチの子たちより一年下で、これから先、一年余計にできるんだから、今年くらいいいじゃないですか」と言うのです。

何事にも「自分たちさえよければ」という自己中心的な考えと、心底あきれた記憶があります。そんな人がいるくらいですから、「車は出せません」と言っておきながら、車で応援だけに来て、さっさと帰ってしまったとしても、驚いてはいけないのかもしれません。ただ、心配なのは、そうした親の行動をつぶさに観察している子どもたちが、親の行動規範を受け継いで、同様の考えを持つ大人になってしまうことです。

でも、つい先日、少しニヤリとしたくなることがありました。いつものように応援だけに車で乗りつけた父兄の一人が、めずらしく「帰り、乗っていく?」と子どもたちを誘ったのです。すると、その親の子も含めて全員が「コーチとバスで帰るからいい」と言ったのです。若いコーチと子どもたちは、車で帰る親たちを尻目に、不便な帰路を和気あいあいと、バスと電車を乗り継いで帰宅しました。

運動が苦手な親ほど、子どもを外に連れ出して

私たちのサッカークラブでは、毎月一回を目安にサンデーフットボールというイベントを開催しま

す。クラブに通う子どもたちの父母を対象に、人工芝のフットサル場で、サッカーを通じた交流をしようという催しです。

集まった面々を見て、なるほどな、と納得します。お父さんも、お母さんも、ほとんどが普段、熱心に練習し、活躍してくれている子どもたちの親なのです。さすがに、年齢による体力の衰えと普段の運動不足は隠せず、ボールを空振りしたり、しりもちをついたり、互いに衝突したりという珍プレーの連続はありますが、それでも、参加している親たちはみんな体を動かし、汗をかくことの楽しさを満喫している様子です。

そんなにぎやかな様子を見て、やはり「この親にしてこの子あり」なのかな、という印象を持ちます。

運動能力は、遺伝に支配される部分が色濃くあります。とくに筋肉を速く、強く、動かす能力は、「生まれつき」による部分が大きく、努力しても向上させることはとても難しいとされています。ですから、たまたま良質な筋肉を両親から受け継いだ子どもは、努力しなくても生まれつき速く走り、強い力を出せます。そんな子は、自然に体を動かすことが好きになっていくことでしょう。その子どものご両親も、もともと運動向きの筋肉をもっているわけですから、たとえ中年を過ぎても、今回のようなイベントがあれば、進んで参加する意欲を持つのでしょう。

では、両親が、速く、強い筋肉に恵まれていない場合はどうなのでしょう。そういう親はもともと運動が得意ではありません。したがって、元来、外で体を動かすことに積極的ではありません。そういう人は、自分に子どもができても、親子で外で体を動かして遊ぶことに、あまり進んでかかわらない傾向があるようです。

そうなると、その両親の子どもは、外で体を使って遊ぶ経験が乏しくなり、運動能力が十分に開発されないまま、子ども時代を過ごすことになりがちです。もともと遺伝的に運動能力があまり高くない子どもがますます運動が苦手になってしまう傾向が強くなるのです。そうなると、先ほどとは逆の意味で「この親にしてこの子あり」という状況になりかねません。

しかし、それでいいのでしょうか。子どもの能力は、他人と比較して高い、低いと言う前に、天から与えられたものを最大に開花させてあげる必要があります。開発できるものを、眠らせたままにしてはいけません。たとえ速く走れなくても、強い力がでなくても、体を動かす楽しさや汗をかいた後の快感はだれもが感じることができます。それを感じることができるか否かは、まず、もっとも身近な家庭環境からはじまるのです。両親が、体を使って遊ぶことの楽しさを感じる環境を与えなければ、子どもに与えられた能力は開発不十分のままになってしまいます。

今、マンション住まいが増え、子どもたちは室内で遊ぶことが中心になっています。休日くらいは思いきり外で遊べば、と思うのですが、休日も朝早くから塾のバッグを背負って、ビルの教室に入っていく姿を多く見かけます。子どもが体を存分に動かし、与えられた能力を自然な形で開花させていく環境は、年々減っています。

だからこそ、自分が運動が苦手だと思う親ほど、子どもを外に連れ出して、体を使う遊びを一緒にしてほしいと思うのです。運動の意義は人と比べて優劣をつけることばかりではありません。それは自分自身の「体を動かす快感」を会得するのにとてもよい方法なのだ、ということを、親子で感じ取ってほしいのです。

ヘソを曲げた監督

「私は間違っていたのでしょうか」。

専門学校でスポーツの勉強をしている女性が相談にきました。彼女は高校在学中、バスケットボール部のキャプテンでした。チームの成績は良かったのですが、監督である教師の指導がひどく独裁的で、プレーに関することはもちろんのこと、ヘアースタイルや服装など、行動の端々にまで細かく厳しい束縛が行き渡っていたそうです。選手のすべてがそれを不満に思っていたのですが、監督が怖くて、だれも改善を訴え出ることができません。そこである時、彼女はキャプテンとして、意を決してその教師に相談に出向きました。

彼女は彼女なりに考えて、部員が不満に思っている点について、改善を訴えました。ところがその教師は、その内容を聞く以前に、生徒が自分に対して意見を伝えに来たこと自体が気に障ったようです。「オレのやり方が気にくわないなら、もう指導はしない」とヘそを曲げ、次の日から一切、指導をしなくなったというのです。翌日から部の活動は生徒の自主練習になりました。責任を感じた彼女は、いろいろと勉強して練習メニューを考え、その後の部員の活動をリードしたそうです。しかし残念ながら、その年の成績は期待したものが得られませんでした。

彼女は、自分が訴え出なければ指導を続けてもらえたのだから、先生の機嫌をそこねることを言ってしまった私が悪かったと、卒業後もずっと責任を感じていたというのです。しかしその後、スポーツ指導について学ぶうちに、「間違っていたのは教師の方で、自分は間違っていなかったのではないか」と感じ始めたのです。もちろん私は、高校時代の彼女の決断力と行動力とリーダーシップに対して、最大の賛辞を贈っておきました。さらに、そうして自律した大人として行動できることこそ、スポーツをすることの最大の成果なのだと勇気づけました。

それにしても、女子高校生の自律した行動にヘソを曲げた教師の、大人げない態度にはあきれるばかりです。前に紹介した女子バレーの監督の指導中の暴力も含めて、本来、「人としてあるべき理想」を醸成していく任を負っているはずの教師が、スポーツの現場でその正反対の姿をさらしているという例は、枚挙にいとまがありません。

その原因の一つには、彼らの本来の目的が「教育」にはないことにあると思っています。つまり、部活動を指導する教師の多くが、もともと、スポーツの監督、コーチとして生活したいという希望を持っています。しかし、プロ監督、プロコーチとして安定した生活をする道は限られていることから、「教員」という職業を選ぶのです。そのような選択をした人たちにとって、教員としての通常の授業は、心理的には「本業」ではありません。彼らの心理的な本業は、放課後のスポーツ指導なのです。

たとえば、どれだけの体育科の教員が、本来の〝教科としての体育科〟の指導に情熱をもって教員になるのでしょうか。多くの体育科の教員が、部活動の監督になることを第一目的にしているのではないでしょうか。もちろん、そうであっても、教師という立場をわきまえ、立派な立ち居振る舞いで青少年を育てている人物は数多く存在します。しかしその一方で、スポーツ現場でひどい指導をする教師が後を絶たないのは、スポーツの監督・コーチになりたいという彼らの本来の目的と、「教員」という現実の職業で求められる倫理との間に、ズレがあるからではないかと思うのです。

どんな立場にあっても、大人が青少年に接する時には、つねに教育的配慮が必要なことには変わりないはずなのに……。

部活が進学に関係あるはずがない

私たちのサッカークラブでは、小学校から中学校に上がる時期になると決まって持ち上がる問題があります。それは、6年生から中学生の部に進級する部員の「部活」問題です。「部活」とは、学校の課外活動であるクラブ活動、つまり「〇〇部」と称する活動の通称です。

クラブの中学生の部に進級してくれる6年生の子どもたちは、みんな、サッカーが大好き。親子共々、私たちの指導方針に共鳴してくれるからこそ、ナイター練習という悪条件にもかかわらず、進級、入部を決意してくれています。好きなスポーツをするため、時間をやり繰りして勉強と両立させていく。私は、そういう行動をとること自体が、スポーツマンとして成長するために、とても意義のあることだと思っています。

ところが、学校生活の面から考えると、そうとも言い切れない部分があります。それは、子どもたちが、学校外の組織のスポーツに参加しているだけで、校内の部活に参加していないと、進学の際、不利になるという「言い伝え」が根強く残っているからです。内申書の「特記事項」という欄に、どういう部活に参加していたかを記す部分があり、そこが空白だと不利だというのです。

もし、部活への参加、不参加が進学に影響するという「言い伝え」が事実なら、なんというナンセンスなことかと驚きます。進学の審査をする人は、「○○部所属」というたった一文からいったいその生徒の何を読み取るというのでしょう。学校の部活はだれでも入部できる任意の集団で、活動の内容も顧問の指導内容も千差万別です。プロスポーツ並みの活動をしている例もあれば、本格的な活動は一年に数回という例もあります。盆暮れなく活動する例もあれば、週に一回のみ活動という例もあります。全国的な活躍をする生徒もいれば、幽霊部員、不真面目な部員もいます。何をどのように活動していたかを詳細に記せずして、ただ単に所属していたか否かを進学の材料にするのなら、あまりに乱暴な判断です。

ところが、現実には部活への所属の有無が進学に響くという言い伝えがあるために、クラブの新中学1年生部員の両親たちは戦々恐々とし、「念のために」と、子どもをどこかの部活に所属させるのです。結果、子どもたちはあまり乗り気ではない部活にとりあえず参加し、「部活所属」という事実だけを内申書に残すために活動していくことになります。

そもそも私は、どうして進学に部活動が関係するのか理解に苦しみます。高校は義務教育ではなく、スポーツの養成機関でもありません。あくまで高等教育の学舎であるはずです。スポーツをしながら文武両立で合格することは素晴らしいことですが、それはあくまで一つの価値観です。スポーツには目もくれず、勉強一筋で合格しても、それはそれで本人が納得すればいいのです。個人の生き方の問題で、他人がとやかく口を出すことではないはずです。要は、合格基準に満ちた学力があるか否か、ということではないでしょうか。

記録上、部活に参加したということが記載されているだけで、文武が両立していたと見られ、課外活動に積極的に取り組む前向きな性格の生徒だと考えられ、それが合格に値する「好ましい」生徒と判断される材料になるという「言い伝え」が本当なら、バカバカしくて話になりません。そういう考えがまかり通るなら〝進学の手段〟として部活に籍を置く生徒が増えるばかりです。そんな「魂」のない生徒を集めて空虚な活動をすることに、どんな意味があるのでしょう。

あくまで希望者の課外活動である「部活」に、本質的に意味のない価値を付与することは考え直していただきたいと思います。

教育の一環になっていない部活

私は、学校の部活には考え直すべき問題が山積みになっていると思います。その中でも、もっとも重大なことは、「教育の一環」という意味の形骸化だと思います。

部活とは、課外の時間に、愛好者がつどって同じ趣味趣向の活動を楽しむものです。そして、教師の中の有志が、その活動をサポートする。まずそれがベースのはずです。ですから本来、運動部の成績が良いか悪いか、顧問の教師が専門家であるか否かなどは、本質的には大きな問題ではないはずです。

たとえば運動部が、切磋琢磨《せっさたくま》してできる限り良い成績を目指そうとすることは当たり前です。しかし、部活はプロのスポーツチームではなく、あくまでも愛好者の集まりですから、部員の中に専門的技術のバラツキがあって当たり前です。勝利のみが目的のプロなら、しっかり強化してもらえる選手とそうでない選手、試合に出られる選手とそうでない選手が厳然と区別されてもしかたありません。しかし、教育の一環である限り、そこには、プロチームとは違う、さまざまな教育的配慮が必要になるはずです。

たとえば、能力の劣る人たちのグループを強化するにはどうしたらいいのかを、部員全員で考えることなども、教育的な活動かもしれません。チームを分けて別々に練習したらいいのか、個別に課題を課し、個人練習をする時間を設けたらいいのか。その個人練習にはどのような方法があるのか。また、試合に出場する機会はどうやって与えたらいいのか。あるいは、能力が劣る人には、やはり試合出場を見合わせてもらった方がいいのか、それとも、限定した時間だけ出場させて頑張らせるのか……。

このようなことを互いに考え、討議し、「スポーツとは何か」ということを探っていく。自分たちがより良いスポーツマンになるために何をしていくべきか、何が大切なことなのか、ということを体得させていく。こうした活動をしてこそ、教育的なスポーツ環境なのではないでしょうか。

また、トレーニングの方法にはどのようなものがあるのか、体をつくるための食事とはどのようなものなのか、ケガをしたときの処置はどうしたらいいのか、などの事項を研究させることも大事でしょう。さらには、後輩を教えるためのコーチング、競技の審判法、大会の運営など、スポーツに関して「学ぶ」ことは専門技術以外に多岐にわたります。こうしたことに目を向けさせ、スポーツを総合科学としてとらえる視点を与え、教科教育と連動させてこそ、学校の課外活動として行われる、教育の一環としてのスポーツなのではないかと思うわけです。

ところが、現実に部活で行われていることといえば、専門化されたスポーツ技術の伝授がほとんどです。競技力を強化するための技術的ノウハウの伝授のみが前面に押し出され、それに対応できる能力を持つ生徒のみが手厚く指導を受けるという環境がつくられています。生徒がスポーツを科学としてとらえる視点を育てる環境など望むべくもなく、ひたすら競走馬のように肉体的に鍛練される時間が毎日、くり返されています。

学校によっては顧問がプロコーチ並みの活動をしています。そうした顧問たちの中には、本来の職務である教育に情熱を燃やしているのか、部活の顧問としてスポーツ指導に多大なエネルギーを注いでいるのか、教員として本末転倒ではないかと思われる人がたくさんいます。逆に、専門能力のない教員が顧問にならざるを得ない運動部では、その先生の骨身を削るような努力にもかかわらず、顧問が専門外であるということから衰退していくという現実もあります。

教育の一環として課外活動の運動部を活動させるなら、顧問はとくに専門的能力が高くなくてもいいはずです。顧問と生徒が、互いに未知の分野に挑戦し、日々、高まっていくことの喜びをわかちあえばいいのです。どういう練習方法があるのか、トレーニングのポイントは何か、チームを強化していくのに必要な事は何か、強豪校はどのような練習をするのか。そんなことを生徒と話し合いながら調べ、実践し、修正しながら活動すればいいのです。そんな活動を続ければ、その生徒はスポーツを多面的に理解し、スポーツを離れても、考え、工夫して行動できる人間に育つでしょう。

学校体育では体についての教育がされていない

学校教育の中の「体育」と「スポーツ」についてもう少し考えてみましょう。

そもそも読者のみなさんをはじめ、多くの日本人は、「体育」と「スポーツ」の違いについて明確な認識を持っていないのではないでしょうか。それが証拠に、日本のアマチュアスポーツの総本山である「日本体育協会」は、英語表記では Japan Sports Association となっています。スポーツは英語では Sports ですが、体育は英語なら Physical Education となります。

ですから、「体育」という教科の内容をより厳密に言うなら、体や運動の科学を通じた教育、といったニュアンスになるでしょうか。

ところが、読者のみなさんが体験した体育科の内容とはどのようなものだったでしょうか。もちろん、「保健」という、体のメカニズムに関することを学ぶ時間もありましたが、ほとんどは、ハードルを跳んだり、鉄棒を回ったり、バレーボールをプレーしたりという内容、つまり、スポーツの技術を教えられるものではなかったでしょうか。このようにスポーツの技術を学び、それが上達するように訓練するのは、本来は学校の「体育」の授業ではなく、スポーツクラブのトレーニングなのではないでしょうか。

たとえば学校の教科の「体育」としてバレーボールを扱うのであれば、パスやレシーブといった技術的な部分は、教材としてのバレーボールのほんの一部分にしかすぎません。生徒たちはバレーボールの基本的な技術を知ると同時に、バレーボールの歴史を学び、競技の特性を知り、プレーで主として使われる筋肉や体の部位を知り、よくおきがちな障害を知る必要があるでしょう。

また、たとえば、同じグループの中にパスが未熟な仲間がいるなら、彼らを上達させるためにどんな練習方法を工夫したらいいか、そんな視点も育てる必要があるでしょう。同じクラス内で試合をする時に、どのようにチームを分け、どのようなルールを決めればスムーズに試合が進むのか、そんなことを考えていくことも必要でしょう。時には、ワンバウンドまでありとか、3回ではなく4回で返せばいいとか、サーブは2本まで打てるとか、特別ルールを決めた方が、ラリーが続いてバレーボールの本質的な楽しさを味わうことができるかもしれません。

このように、バレーボールという「教材」を通して、知的、身体的、両面から、人間的に豊かになる機会を提供するのが、教科としての「体育」の役割だと思います。ですから、たとえバレーボールの技術が上級でなくても、バレーボールの理論的な部分をよく理解し、チーム分けや試合運営などに高い能力を発揮できた生徒がいれば、その学期の「体育」の成績は高く評価されてもいいのではないかと思うのです。しかし現実には、体育の授業では、主としてスポーツの技術が「できる」「できない」で評価されるようです。

学校の教科としての体育が、スポーツの技術獲得ではなく、運動や体の科学を理解する力を養うことに力点を移すなら、卒業した後に、あやしげなダイエットにはまったり無理な運動でけがをしたり命を落としたりする人は減るでしょう。また、体育の中で、仲間と協力して練習の内容を工夫したり、試合や大会を運営する力などを養成すれば、それは実社会でも大いに役立つことでしょう。

学校の体育科の教師とは、スポーツの技術の伝道者という姿よりも、もっとも身近なスポーツ科学とスポーツマネジメントの専門家、という姿を見せることが望ましいのではないでしょうか。

100人を超える部員の意味は？

2005年、明徳義塾高校が、全国高校野球選手権（甲子園大会）の出場を辞退しました。部員の喫煙、暴行が原因でした。スポーツの大会で結果を残すことのみに特化された高校生活の、哀れななれの果てといえるでしょう。

報道によれば、明徳義塾の部員は百数十名いたということです。ご存知の通り、野球のレギュラーは9人です。各ポジションごとに控えがいたとしても、本来なら部員は20～30名いれば十分なはずです。それなのに、なぜ百数十名なのでしょうか。しかも、彼らの多くは地元出身ではなく、近畿を中心にした県外からの入学者です。わざわざ県外から選手を寄せ集めて、百数十名もの所帯をつくっているのです。

思い起こせばかつて、大学野球の強豪校が痴漢行為で警察沙汰になりましたが、やはりその大学も百数十名を超える部員を抱えていました。また、サッカーの強豪大学の部員が婦女暴行で逮捕されましたが、そのサッカー部の部員は何と二百数十名でした。いったいこの信じられない部員数は、何を意味しているのでしょうか。口の悪い友人がこう言いました。

「考えてみろよ、一人から月一万円の部費を集めれば、ひと月でいくらになる？　だれだってそのうま味を知ってしまえばね……」。

ということは、必要以上に集められた部員は、一種の資金源？　驚いていると、もう一人の友人がまくしたてました。

「おまえもウブだな。甲子園の出場が決まると、寄付や何やで、いくら集まるか知っているか？　何千万の単位だぞ。でも、寄付金の収支報告書なんて見たことないだろ。仮にあったって正式な監査役がいるわけじゃない。決勝まで進めばともかく、一回戦か二回戦で負けたら、残った金はどうなる？　ウチの実家の近くにも高校野球の強豪校があるけど、その監督の家なんて、シャチホコをつければ城になるようなでかい家に住んでいるぜ」。

友人たちの会話はしだいにエスカレートします。

「そういえば、スポーツの強豪校の監督は教員という立場の人もいるけれど、時々、この人は普段、何をやって食っているの、という人がいるよな。あれは、そうやって集めた金で食っているのか？ということは、プロのコーチか？　少しおかしくないか。学校の大会だろ。教育の一環だろ。いくら課外活動といっても、そういうスポーツだけに特化していくような行為は、本末転倒なんじゃないか」。

まあまあ、と興奮する友人をなだめながら、考えました。友人がいうように、レギュラー以外の部員が「資金源」になっているかどうかはともかく、指導者が十分な指導ができない数の生徒（選手）を抱えることが問題であることはたしかです。ちなみに私の主宰するサッカークラブでは、一人のコーチに20人の部員を限度としています。学校の学級活動でも、40人クラスでは一人ひとりを把握し切れないという議論になっています。

厳しい競争の中をはい上がってきた者だけが手厚い指導を受ける、というのはプロの世界の話。およそ学校という組織の中で、教育の一環という錦の御旗を掲げて活動する以上、一人ひとりの生徒に十分な教育的配慮がなされることが、指導者に課された最低限のノルマであるはずです。明徳義塾の監督はもちろん、問題を起こした大学の監督たちも、プレーの特徴や性格を把握している生徒はほんの一部で、その他の生徒については多分、名前さえ知らないでしょう。

指導の相手にされず、名前さえ覚えてもらえない「その他大勢」の生徒の中には、やがて道を誤る者も出てくるでしょう。これが教育の一環としてのスポーツ環境でしょうか。

Sさんの嘆き

先日、電車の中で知人のSさんに久しぶりに会いました。近況を報告し合ううちに、彼の息子さんの話になりました。息子さんはサッカーの能力がなかなか高く、元Jリーガーの監督を招聘《しょうへい》して強化を始めた学校を自分の意志で選んで進学していました。

「それがね、あいつ、サッカー部、やめちゃったんですよ」。Sさんは残念そうに報告します。息子さんはサッカーをやめた理由について多くを語らないようですが、「高校に進学して、自分なりに限界を感じたらしい」というのが、父親のSさんの推測です。

「息子がサッカーやめちゃったらね、親の私も心の中に何かぽっかりと穴があいたようになっちゃってね。これまでは毎週末、試合を応援に行ったり、練習を見に行ったりしていましたからね……」。

スポーツで活躍する子どもが、より本格的にそのスポーツに打ち込もうと、中学、高校の進学に際してスポーツの強豪校を選択する例はよくあります。ところが、入学後しばらくして、将来を嘱望されていたはずの子が、ある時から突然、そのスポーツを続ける意欲をなくす、という例は少なくありません。周囲に「なぜだ」「もったいない」と言われながら、まだティーンエイジャーなのに、まるで体力の限界を理由に引退するプロ選手のような顔をしてそのスポーツから離れていくのです。こういう話は、サッカーのみならず、すべてのスポーツで日本中いたるところにあります。

Sさんが「自分の心にも穴があいたようだ」と語ったように、こういう家庭では、十中八九、両親も熱心に子どものスポーツ活動をサポートしています。一家総出で、息子のスポーツを中心に生活を回転させているのです。息子がレギュラーで出場し、チームの成績がいい時は、何もかもうまく回ります。中学も高校も、思いきりプレーできる環境を用意してあげたいと、両親は思います。

ところが、中学、高校と進学する中で、すべての環境においてずっと中心選手でいられるのは、ごく限られた人のみです。多くは、いつかより能力の高いチームメイトと出会い、自分の技術、体力、体格などの限界を知る時が来ます。その時、幼い頃からずっとレギュラーで活躍し、勝利を味わい続けていた子どもほど、自分の自信、プライドに対する喪失感が大きくなり、次のステップに進む意欲をなくしてしまいがちです。

本来、スポーツにはこのように「壁にぶつかる」ことはつきものです。そこを乗り越えるために、あらゆる人知を尽くしていくことに、スポーツの醍醐味《だいごみ》があるはずです。そして、そのサポートをするのが指導者のはずです。体格、体力などで劣る部分を克服するにはどうしたらいいのか、一見、ハンディと思われる部分を逆に強みに変えていくにはどのような工夫、あるいは戦術的取り組みが必要か、そんなアドバイスができることが、専門の指導者のはずです。

ところが、Sさんの息子さんの通っている学校のように、強化を打ち出しているところほど、そうした血の通った本質的な指導は行われません。弱者切り捨て、適者生存とばかりに、勝利のための基準に合う選手を手厚くかわいがるだけで、それからこぼれた選手は、「その他大勢」として、あとは野となれ山となれ、という状態となります。

スポーツ強豪校に進学するのも一つの選択肢でしょう。しかし、そこで指導者のおめがねにかなわなかった時にどうなるのか、そのこともよく考えておく必要があります。レギュラーの可能性のない部員の一人ひとりにまで、個々の能力を伸ばす的確な指導が行われている、などという強豪校は、見たことがありません。

同時に、少年時代から家庭共々あまりにスポーツにのめり込みすぎると、何か挫折があったときに、家族揃ってバーンアウト状態になりかねません。スポーツ少年を持つ親は、冷静に子どもの人生を俯瞰して見守る視点が必要だと思います。

大学運動部は牛馬を育てるのか

部活をやっていると進学の時に有利な材料になるという「言い伝え」があることを紹介しました。私はその話を書きながら、大学時代の就職活動を思い出しました。

私は大学時代、サッカー部の他に、時間のあるときのみ顔を出す程度で、ある武道の部にも所属していました。そこにある日、４年生の新入部員が入部してきたのです。その人はあからさまに「就職のための手段で入部した」と言い切りました。履歴書の欄に「〇〇部所属」と運動部の名前が記されていると、企業から好印象を持たれるというのです。私はその人の計算高い考えにあきれましたが、同時に、企業の姿勢にも疑問を感じました。

「なぜ、大学の運動部員が企業の良き人材として歓迎されるのだろう」。

私は心底、不思議でなりませんでした。なぜなら、大学運動部の4年生とは、1年奴隷、2年平民、3年天皇、4年神様などと言い伝えられるように、学年が上という理由だけで、あらゆるわがままを貫く暴君のような存在だったからです。

虫の居所が悪いだけで下級生に暴力を振るう。いわゆる「パシリ」として（これは多分、『使い走り』という言葉の変形と思われます）、下級生に日常の雑務、買い物などを細々と言いつける。驚いたことに、強豪校になると、大学ばかりでなく高校でも、身の回りの世話をするために、上級生に一人ずつ下級生の「付き人」がつくそうです。

また、スポーツの道具の手入れ、グラウンド整備などは一切、下級生にやらせる。移動の時には自分の荷物さえ下級生に持たせる。下級生には直立不動の挨拶をさせるくせに、自分はふんぞりかえっている。たかだか二十歳過ぎの若者のくせに、日頃からそんな傍若無人《ぼうじゃくぶじん》の生活を送っている人物を、企業はどうしてほしがるのか。私にはまったく理解できませんでした。

企業の論理は多分、こういうことでしょう。運動部に所属していれば、上意下達の環境で、言われたことに文句を言わず黙々と従う習慣ができている。自分の考え、判断などを前面に出さず、ひたすら指示されたことを遂行するために邁進する。しかも、体力、気力のレベルは人並外れて高い。つまり、飼い犬、馬車馬として雇うには、これほど使いやすいものはない……。

多少誇張はしましたが、企業が組織として従順な歯車になる人材を欲していることは想像できます。その要求に応えてくれる、もっとも理想的な人材が運動部出身者だというなら、私は、スポーツにとって屈辱的なことだと思っています。なぜなら、私がくり返し述べているように、スポーツとは本来、自主、自律の精神を養い、独立独歩で考え、行動できる人間を育成するものだからです。スポーツは、「人に従う」術を身につけるものではなく、「自分で切り開く」力を育成する活動なのです。

ですから、本来スポーツマンらしいということは組織からしてみれば扱いにくい人種ということになるのかもしれません。実際、国際的に活躍しているイチロー選手、引退した中田英寿氏などは個性的な人物です。しかし現実には、日本のスポーツ界は、組織に従順な人材、己を消して周囲に同調する能力の高い人材を育てようとしています。だからこそ、企業も運動部出身者に高い評価を与えるのかもしれません。

いずれにせよ、運動部、進学、就職というラインに見えてくるのは、組織として扱いやすい、人畜無害な存在か否か、という踏み絵のような状況です。そのラインに乗っていれば、従順な僕《しもべ》となる素質がある、ということなのでしょう。そのラインに上手く乗り、他人の定義した価値観に埋没していく人生を選ぶことで安寧を得られるなら、それもいいかもしれません。しかし、その手段として、スポーツが間違った形で利用されていることに、私はがまんがなりません。

くり返しになりますが、スポーツに親しむこととは、決して価値観を均一化し、批判的視点を押し込め、与えられた環境を受け入れる力を養うためではありません。反対に、独自の価値観を育て、多角的な視点を与え、自ら改革していく気概を養う活動なのです。これから進学、就職に立ち会うスポーツ青少年はもちろん、その親も、その点をしっかりと認識していただきたいと思います。

全員丸刈りの少女バレー部？

私は、ある年の少女バレーボールの決勝戦がとても印象に残っています。なぜなら、優勝チームの少女たち全員が丸刈りだったからです。

髪形は本来、各自の自由です。男性の長髪や女性の短髪がおかしい、という観念は、今やまったく時代にそぐわないものになっています。短髪が好きな少女がいても、それ自体はまったくおかしなことではありません。ですから、少女が短髪であることに違和感を覚えたのは、私の旧態依然とした固定観念によるものだったのかもしれません。

それでも少女らの丸刈りに対する違和感が拭えなかったのは、全員が同じ髪形だったからです。仮に、そのチームの少女たち全員が、たまたま短髪好きだったとしましょう。それにしても、11〜12歳の少女たちが、まるで兵隊か囚人のように、同じ丸刈りで統一されているという光景は、私にとっては異常としか思えませんでした。彼女たちは、全員が同じ丸刈りになることを「はずかしい」とか「かっこわるい」と思わなかったのでしょうか。あるいは、そんな年齢相応の感性を押し殺す強制力が、チームの中にあったのでしょうか。

日本のスポーツ界の一部には古くから、チームに入ったら有無を言わせず丸刈りになる、という慣習があるようです。みんな同じ髪形になることで、チームに対する忠誠心を持たせるのでしょうか、それとも、髪形のような流行《はや》り廃《すた》りがある「俗」な事象に心を奪われないようにするためでしょうか。あるいは、大量の汗をかくことへの実用的な意味があるのでしょうか。いずれにせよ、丸刈りが好きで自主的にそうしたならともかく、髪形を強制することは、極めて反スポーツ的なことです。

スポーツは本来、自主、自律を育てるものです。くり返し書きますが、常に一つひとつのプレーに対して個々の選手の判断が活かされるように、スポーツとは選手一人ひとりが自律できなければ成立し得ないものです。ですから、スポーツを行う以上、プレーの面ではもちろんのこと、人間としても、常に的確に自己コントロールできる存在であることが求められてしかるべきです。そのために指導者は、選手に対して、判断させ、迷わせ、選択させ、決断させ、検証・反省させる、という機会を多く与えていく必要があります。

しかし、そのように自己コントロールする力が時間をかけて醸成されていくのを待てない指導者が多くいます。そうした指導者は、選手が自己コントロールする機会を奪い、多くの決まり事を押し付けて有無を言わさず厳守させ、行動を縛ります。その方が、集団管理としては楽だからです。彼らは子どもたちの思考や行動の範囲を限定し、スポーツの勝利だけに向けて邁進させるチームマネジメントをします。子どもをスポーツを通じて育てることよりも、いかにしてチームとして効率良く勝利を手にするか、言い換えると、自分がいかにして勝利監督になるか、ということを何よりも優先して考えています。丸刈りの少女たちの指導者が、そのような人物でないことを祈るばかりです。

ここはとりあえず、あの少女たちが、たまたまみんな短髪好きで、「あの髪形がかっこいい」と感じ、「私もそうしたい」と自ら望んで選んだと信じることにしましょう。その少女たちの髪形を見た指導者が「おいおい、好きでしたならばいいけれど、それにしても、みんなが同じというのもあまりかっこいいものじゃないぞ、もっと自分らしさをだせよ」などと声をかけているようであれば、安心なのですが……。

ジーコ監督のメッセージ

２００６年、サッカー日本代表はドイツワールドカップ（以降Ｗ杯）に出場しましたが、期待された成績をあげられずに終わりました。しかし私は、日本代表がジーコ監督の提唱するチームづくりの方法でアジア予選を勝ち抜きＷ杯に出場したことに、とても大きな意義があると思っています。ジーコ監督は、自分の提示した型に選手をはめていく方法ではなく、選手それぞれが自分の長所を出し合えるチームづくりを目指しました。そのチームづくりの過程で重視されたのは、選手どうしが意見を出し合い、話し合い、互いのコンビネーションを高めていくという作業でした。

しかし選手の多くは少年時代から長らく監督・コーチの強権の下、機械のように一斉に同じ方向を向くように訓練される環境に慣らされていました。前任のトルシエ監督（１９９８年〜２００２年就任）は、その旧来の日本的指導にさらに輪をかけるような、独裁的指導を徹底していました。ですから当初、選手はジーコの方法に戸惑い、チームはしばらくの間、まとまりを欠いたかのように見えました。ジーコは「もっと型をつくれ」と批判され、「トルシエのように明確に方向性を打ち出す指導者に交代を」という声も一部では高まりました。

しかし、選手たちはしだいにジーコの提唱するコンセプトを理解し始めました。いくらチームとしての型をつくっても、サッカーの試合中のプレーは決して型通りには進まず、常に臨機応変な対応力を求められます。個々の場面で何をすべきかを適切に判断していくのは、結局は選手個々の力であり、その場に応じたコンビネーションです。それらを、一つひとつ監督の指示を仰いで発揮するようでは、真の実力が醸成されません。それを実感した選手たちは、試合中の個々の場面に対し、どうすればいいかを互いに意見し合うようになりました。監督の指示に右へならえするのではなく、互いに話し、理解し、突き詰め合って、コンビネーションを高めていったのです。

サッカー日本代表という子どもたちの憧れの対象が、このような選手たちの姿を提示し、アジア予選突破という結果を残したことは、じつに大きな意義があると思います。日本代表は、「サッカーをプレーするということはどういうことか」、「サッカーのチームをつくるとはどういうことか」、もっと広く考えれば、「スポーツをプレーするとはどういうことか」、という根本的な事に対して、素晴らしいモデルを示してくれたのです。

スポーツとは、本来、楽しく自由なものです。人間がスポーツを楽しいと思うのは、場面場面で自分の考え、判断を駆使し、それを自らの体を使って技術、戦術、体力といった形で発揮できるからです。それは、湧き上がる感性を絵画、音楽、造形といった形で表すことと同じで、人間の自己表現の一つなのです。言い換えれば、いくら勝利という結果が残されても、家畜のように管理され、指導者のいうがままに機械的に動くのならば、それはとうてい人間の英知の一角としてのスポーツとはいえないと思うのです。

ところが近年、人をまるで機械のように管理するスポーツ指導が、一部でもてはやされはじめました。その悪影響は子どものスポーツにまで及んでいます。私の専門とするサッカーでも、子どもの自由で柔軟な発想を活かすよりも、徹底して型にはめ込むような指導が目につきます。子ども自身が「面白い」と感じているかどうか、きちんと自己表現できているかどうか、などということに配慮するよりも、とにかく勝利と結果を追求するには、それがもっとも合理的な方法だからなのでしょう。

　そんな悲しむべき少年スポーツの現場に、ジーコジャパンの選手たちは素晴らしいメッセージを届けてくれたと思うのです。

ジーコの自由と愛国心

　ジーコは従来のチームづくりとは違った方法で日本サッカーのレベルアップを試みましたが、それに対して、「ジーコには型がない」という批判をする向きが多くありました。前監督トルシエは、フラットスリーという戦術を掲げ、守備の選手が相手FW（フォワード）との間に開ける距離は3m、ボールを奪ってからシュートまでは7秒などと、事細かに「約束事」を決めていました。それに比べてジーコは何も指示しない、もっと決まり事を細かく設定すべきだという批判です。しかしジーコは、「そうした方法ではこれ以上、進化はない」と、自らの方法を貫きました。

　ところで、安倍政権下での教育基本法の改定の論議の中で、「愛国心」のあり方を国が規定すべきという主張がなされました。心のあり方に「型」を求めているのですから、おかしな話です。今さら言うまでもありませんが、心、気持ちといったものは、自然に醸成されていくものです。日本に生まれ、日本の風土に慣れ親しんだ人なら、自然に日本という国にまつわる森羅万象に愛着を持つことでしょう。どんなスポーツでも、国際試合があれば、それこそ子どもからお年寄りまで、自然に「ニッポン頑張れ」となるはずです。

さらに言うなら、私が不思議に思うのは、「愛国心を法律に盛り込め」と声高に叫んだ人々が、本当に日本を愛しているのか、ということです。本当に日本を愛しているなら、米軍基地などとっくに撤去させ、地元の人々に安寧を与えているでしょう。イラクに日本人の自衛隊員を派遣したりもしないでしょう。アジア諸国とも、戦争の反省を踏まえ、安定した関係構築に努めていることでしょう。また、不正に税金を使う一方で、いたずらに国の債務を超過させ続けたりもしないでしょう。

ともあれ、ジーコを批判し、「チームに確固たる型を導入せよ」と批判し続けた人々と、「愛国心を法で規定せよ」と叫んでいた人々の、基本的な性質は同じような気がしています。共通しているのは、みんなが同じ鋳型の中で同じ方向を向き、同じ考えを持って動いていないと安心できない、という視点です。

ワールドカップに臨んで、日本代表の選手たちが試合の内容に応じてどれだけ自主的に、臨機応変な動きができるかは、ジーコが4年間、日本のサッカー界に問い続けてきたことの回答になるはずでした。日本代表はご存知の通り、期待した活躍ができずにワールドカップを終えました。成績のみならず、ジーコが醸成しようとした、選手個々が存分に能力を発揮し合い、ピッチ内で臨機応変に動く、という目標も達成されなかったようです。私は、能力を出し切れずに終わった選手達を見て、ジーコの望んだ理想に近づくにはまだまだ時間がかかると思いました。

考えてみれば、およそ日本に近代スポーツというものが導入されて以来、100年以上もの時間を経て培われてきたスポーツ界の精神風土を、たった4年でひっくり返すという作業は簡単ではありません。それでも、ジーコの投じた一石は、サッカーのみならず、日本のスポーツ界に大きな波を立てたと思っています。監督の言われるままに型にはまって目先の結果を出したとしても、それは真の実力として世界に通じるものではないということ。スポーツは選手が主役であり、選手自身が考え、判断し、互いに主張し、認め合いながら進めていくべきものだということ。そういう部分を4年間、強調し続けたことは、とても意味のあったことだと思います。

そして、そういう選手作り、チーム作りを進めた結果、日本代表の選手達がそれを咀嚼《そしゃく》しきれずに終わったということは、ある意味、日本のスポーツ界に根差す課題の大きさを改めて認識させてくれたのではないでしょうか。まだまだ日本人は、「型」にはめられ、指示されて動くことに安心するのでしょうか。そうであれば、とても残念です。

代表チームのシュートミス

ドイツW杯の初戦で、日本代表はオーストラリア代表に敗れてしまいました。相手の激しい攻撃をはね返しつつ先制点を守り、隙を見て逆襲を狙うという試合展開は、アジア予選のオマーン戦、バーレーン戦などで成功した形で、いわば目論見《もくろみ》通りの流れでした。あと数分というところでその流れが崩れたのはとても残念です。

目論見通りの試合運びが崩れたことと並んで、もう一つ私が残念に思うことがあります。それは、何度もあった追加点のチャンスを活かせなかったことです。同点ゴールを狙うオーストラリアは時折、守備が手薄になり、日本はそこを攻略して何度か決定的なチャンスをつくりました。しかし、最後のシュートがうまく決まらず、得点は結局1点のままでした。

得点を狙うシュートのレベルアップの必要性は、日本のサッカー界で長年、指摘され続けてきたことですが、未だに改善されていません。なぜでしょう。私は以前から、日本の子どもたちの中に、シュートをすることをためらう風潮があると感じています。シュートは攻撃の最後の大事な仕上げで、子どもたちにとって本来、もっともエキサイティングなプレーのはずです。ところが、シューターとして、その最後の仕上げをする当事者になることをできるだけ避けようとするメンタリティーが蔓延《まんえん》しているように感じるのです。

その一方で、良いパスを出してシュートのお膳立てをするようなプレーに執着する子どもが、以前にもまして増えてきているように感じます。つまり、簡単に言えば、シューターという責任の重い仕事、試合の流れの矢面に立つような仕事をできれば避けて、パスの出し手という立場で、間接的にシュートに関係することを選択する子どもが増えているのです。

このような感覚が蔓延している原因の一つとして、シュートミスをネガティブにとらえすぎる指導環境が考えられます。日々の練習の中で、「なぜミスしたのだ」「こっちにパスすれば、フリーな味方がいただろう」などと指摘していれば、少年たちは叱られるのがいやで、次からは思い切ってシュートをしなくなってしまいます。むしろ無難なプレーを選択し、だれかにパスしてしまうことでしょう。

もう一つ考えられるのは、みんなの前で一人だけ目立つことを避けたがる日本人的な感覚です。授業やホームルームで何か意見はありますかと聞かれても、なかなか発言しない。食事の時、大皿に残った最後の一つをだれも食べようとしない。バスの降車ボタンをだれも押そうとしない、などなど。

ともあれ、そんな環境を打破して、子どもの頃から積極的にシュートにチャレンジする姿勢を育てなければ、シュートの上手い選手は育たないでしょう。そのためにはまず、ミスを恐れずにシュートにトライすること、チャレンジすることを重視する環境をつくることが大切です。また、思い切ってシュートし、ミスしたことが一人だけ目立つことになったとしても、それは決して恥ずかしいことではなく、むしろ勇気ある大事な行動であるということを子どもたちに伝えていく必要があるでしょう。

サッカーのみならず、スポーツの日本代表選手の姿は、その国の生活、文化を象徴する存在とも考えられます。普段、私たちが何気なく行っていること、考えていることが、代表選手の国際試合での行動に集約されて現れます。決定力を欠いたサッカー日本代表を批判する前に、私たち自身が日頃、どのように行動し、発言しているか、また、どのように子どもを教育しているかを、省みることも面白いと思います。

中田選手と日本人

ドイツW杯での敗因の追及に各メディアが躍起になっていた時期がありましたが、その中に気になる論調がありました。中田英寿選手と他の選手との確執について触れるものです。

中田選手は最終戦となったブラジル戦の終了後、長い間ピッチに倒れ込んで起き上がりませんでした。その姿がさかんにメディアで取り沙汰されました。もちろん各メディアが、中田選手の姿から、極限を極めた疲労感、あるいは目標が達成されなかったことの虚脱感を描くのであれば、それはさしたる問題はないと思います。しかし中には、そこから広めて、自分に同調できなかったチームメイトに対する中田選手の失望といった領域に踏み込むものが目立つことが気になったのです。

それらの論調の多くは、中田選手一人が欧州、あるいは世界の基準を理解し、それを実戦していたにもかかわらず、他のチームメイトがそれを理解せず、それどころか、そんな中田選手に距離を置いていた、それも敗因の一つ、と主張していました。たしかに中田選手は、遠慮会釈なくチームメイトを罵倒し、常に厳しい要求をつきつけます。これくらいのスピードでなければ世界では通用しないのだとばかりに、無理やり強く難しいパスを通そうとします。そんな中田選手の態度に、素直に同調できないとする選手がいたこともたしかのようです。こうした事情に、ピッチに倒れた中田選手の姿を重ね、中田選手一人が世界基準で奮闘し、他のチームメイトはそれを咀嚼できなかった、というストーリーが組み立てられました。

もし、そういうメディアの論調を見聞きしてうなずく人がいるとしたら、一度、冷静に考えてみてください。自分の職場に、中田選手のような態度をとる人がいたら、と。たとえば、仕事は抜群にできるのだけれど、上司でも遠慮なく呼び捨てにして、人の失敗を歯に衣着せずになじる社員がいたとしたら、仲良くなれるでしょうか。企業間の競争を勝ち抜くためには必要なのだと、正論に基づくギリギリの要求ばかり妥協を許さずつきつけてくる仲間がいたとしたら、仕事は仕事として仲良く飲みに行けるでしょうか。

プロのスポーツ選手と日常の職場とは別、という理屈は成り立たないと思います。なぜなら、私たち日本人は、日本的な価値観、道徳観、気質に囲まれて育ち、暮らしているからです。それは、仕事でもしつけでも、教育でも、スポーツでも同じだと思います。そこから抜け出した形で行動することは簡単ではありません。逆に、それを変えようとすれば、どこかで無理が生じるのではないでしょうか。

もしメディアで発言する人々が、中田選手が日本の枠を超えた基準で行動し、それを受け止められなかったチームメイトが悪いという論理を展開するなら、その人自身も、自ら今後、日本的な枠を超えた生活をする必要があるでしょう。自分自身がどっぷりと日本的な行動に浸りながら、日本代表選手に対して「彼らは日本人的で世界基準ではない」と非難するのでは説得力がありません。

海外に行くと、いつも感じるのは日本人の秩序正しさ、道徳観の高さです。サッカーの勝負では強くても、社会的に最低の行動をとる海外のファンは大勢います。今回のW杯でも私は、ドイツに取材で渡って、ブラジル、アルゼンチン、イングランド、オランダなどのファンの身勝手さ、横暴さに辟《へき》易《えき》させられました。

日本人には、日本人らしい良い部分もたくさんあります。悪い部分を強調するよりも、良い部分を見つけ、それを伸ばして国際試合の勝利に結びつけていく、という考えが、少年たちをスポーツを通じて育てていくうえでも必要なのではないかと思います。

W杯敗戦の報道は正しいか

「ねえコーチ、日本はW杯で負けたからサッカー協会会長が責任を取って辞めるんだよね」。私が教えているサッカークラブの子どもがポツリと言いました。W杯は子どもの関心事でもありますから、関連の情報は否が応でも子どもたちの目に触れ、耳に入ります。また、直接に接しなくても、そうした情報に触れた大人から、間接的に情報が伝わることもあります。その中で、単純化された情報は、覚えやすいキーワードとともに、子どもたちの心の中に入り込んでいきます。

W杯で日本がグループリーグで敗退したことを受けて、メディアでは盛んに「惨敗」という言葉が使われ、また、その敗因追及の延長上で、川淵三郎・日本サッカー協会会長の辞任うんぬんも取り沙汰されました。こうしたメディアの騒ぎに私は違和感を抱くとともに、その情報の断片に否応なく接することになる子どもたちへの影響が気になっています。

まず、日本は本当にW杯で「惨敗」したのでしょうか。ブラジル戦の敗戦は、実力差から考えて妥当なもので、惨敗という表現は適切とはいえません。クロアチアとは引き分けでした。オーストラリア戦の敗戦については、いろいろと議論が分かれるでしょうが、そのオーストラリア戦の敗戦一つを取り上げて、あたかもW杯の試合すべてが惨敗であったかのような表現で各メディアの論調が統一されているのは、いかがなものかと思います。

また、川淵会長の責任問題ですが、一国のサッカー協会の会長がW杯の勝敗一つによって辞任すべきものなのか、私は疑問に思っています。もちろん、W杯で代表チームを勝たせることはサッカー協会会長の重要な仕事の一つではありますが、その他にも少年世代の育成、女子サッカーの普及、審判のレベルアップなど、会長としてすべきことは多岐にわたります。そもそも、日本代表が決勝トーナメントに進出してしかるべき実力があったのかどうかも、疑問の残ることです。

ともあれ、今回のW杯について、今、私がここに述べたような、角度の変わった意見はなかなか伝わってきません。どこを見ても「惨敗」と「解任」のオンパレードです。日本のメディアの特徴でもありますが、何か事が起きると、恐ろしいほどに画一的な論調が横並びになります。とくにスポーツの報道は、しばしば極めて単純化され、扇動的な言葉で伝えられてきます。

本当に日本代表の戦いぶりが惨敗だったのか、あるいは川淵会長が辞任すべきか否かはともかく、子どもたちには、こうして垂れ流されてくる情報をうのみにするのではなく、できるだけ多角的な情報に触れて、自分の頭で考え、独自の意見を持てる環境を用意したいものです。

そんなことを考えているうちに、スポーツ欄では連日、オシム、オシムのオンパレードになってしまいました。オシムに代表監督を受諾してもらいさえすれば、次のW杯には明るい期待が持てる、といったムードが演出されています。私が教えている子どもたちも「オシムになればジーコの時より強くなるんでしょ」と言っています。本当にメディアの影響力は怖いものです。

近年、メディアリテラシーという言葉が盛んに語られ、メディアから流される情報に対する子どもたちの接し方が考えられています。しかし、いきなりメディアの情報を多角的に検証してみようといっても、子どもたちの興味関心を引くのは難しいと思いますが、スポーツをめぐる報道は、その良い入り口になるのではないでしょうか。ぜひ、一家でいろいろな視点で語り合ってみてください。

ジダン選手のレッドカード

W杯決勝で、フランスのジダン選手が相手選手に頭突きをするという行為で、退場処分を受けました。頭突きという危険行為は許されるものではなく、ジダン選手が退場処分になることは当然です。ジダン選手があのような行為をしたのは、どうやら、相手のイタリアチームのマテラッツィ選手がジダン選手に向かって、許されざる言葉を発したことが原因のようです。

サッカーの世界では、報復行為は厳しく罰せられます。仮に、ひどく危険な反則を受けたり、許されざる言葉を浴びせられたとしても、それに対して仕返しをすれば、イエローカードを提示されます。報復の方法が危険であれば、ジダン選手のようにレッドカードで退場させられることもあります。危険なこと、あくどいことに対して処分を下すのは審判であり、選手ではない、ということが厳然としています。

こうした概念は、サッカーのような危険を伴う激しいゲームを安全に進行させるために必要なことでしょう。そして、日本の選手は、世界の中でも、こうした概念に忠実に従っている度合いがとても高いと、私は思っています。言い換えれば、日本の選手はとてもフェアです。勝つために手段を選ばないといった概念は、日本の選手には、あまり当てはまりません。何よりも、日本サッカー協会の選手育成の方針として、「少年時代からフェアプレイを徹底する」ということがとても重視されています。

しかし、そうした概念を確認するたびに、私は、複雑な気持ちになります。なぜなら、「日本が世界に追いつくために」といったアドバイスを求めるたびに、海外の元有名選手たちの多くが、「やられたら、やり返す、という気持ちが大切」という趣旨のことを強調するからです。「日本の選手は、仲間が（汚い反則で）やられたのに、どうして、何もなかったようにおとなしくしているんだ。俺たちはやられているばかりではないぞ、ということをすぐに示さねば、相手は図に乗って同じことをくり返す。見下されるぞ」といった話は、くり返し聞かされます。

もちろん、こうした元有名選手たちの檄《げき》は、「反則には反則で返せ」という極論を言っているのではなく、合法的に厳しいプレーで対抗していけ、と言っているのだと信じたいものです。しかし、トップレベルの試合では、偶然のように見せかけて激しい反則を仕返しするといった行為は、現実には頻繁に行われています。また逆に、相手が我を忘れて反則をしてしまうような「誘い」あるいは「罠」のようなプレー、行為も行われています。そうした現実の中で、どんなに汚い反則をされても、どんなに口汚い言葉を浴びせられても、冷静にプレーし、勝ち進む選手を育成していくのは、とても骨の折れることだと思います。

ジダン選手のケースは、「仕返しをすればあのようになるよ。どんなに悔しいことを言われても、がまんしなければだめだよ」と少年たちに教えるよい材料になるでしょう。そして今後も、日本ではフェアプレーを重視する育成が続けられるでしょう。

しかし、その日本の環境から育った将来の日本代表選手たちが、今後、フェアに戦う代償として、狡猾《こうかつ》さ、抜け目なさに欠け、勝負の現実に長《た》けた強豪国にしてやられてしまうということもあり得ます。そうした現実にぶつかった時に、「やはり強豪国のように、時には反則や仕返しも辞さない行為が大切」と考えるのでしょうか、それとも「いや、日本の良さはあくまでフェアプレー、そんなことをして勝っても気持ちが良くない」と考えるのでしょうか。とても考えさせられます。

自分の頭で考える

2006年7月、オシム氏がサッカー日本代表の新監督に就任し、チームづくりは順調に進んでいます。オシム監督は、その指導の中で、「考えること」「走ること」を強調しています。その時、その場で、自分が何をすればいいのかを常に考え、判断して、それを労を惜しまずに自らの体で実践しなさい、ということです。「自分の頭で考える」ということは、前任者のジーコ氏も強調していたことです。ジーコ氏が、選手自身に委ねて醸成させていく部分が多かったのに対して、オシム監督は、選手が「考えざるを得ない」「動かざるを得ない」状況になる練習を、より豊富に用意しています。

オシム監督が強調している「自分の頭で考える」ということは、スポーツを楽しむためのもっとも重要な要素です。プレーの瞬間ごとに、自分の考え、判断を体の動きで表現できる醍醐味こそ、スポーツの持つ魅力そのものだからです。また、「今、自分は何をすべきか」ということを常に適切に判断し、実行に移すことをスポーツを通してくり返すことで、スポーツを離れた実生活においても、自分の行動を状況に応じて適切に処する力が醸成されていくのだと思います。

ところが日本のスポーツ界には未だに、スポーツにかかわる人間は、上意下達の関係に忠実な、従属する行動に長けた「個」の色の薄い者であるべき、という考えがあります。実際、高校スポーツなどでは現在でも、髪形から挨拶の仕方まで決められた形に忠実に従うことが強制されているという例が、そこかしこにあります。

そんな日本的スポーツ風土の中から生まれるのは、「個々の意見など言うべきではない」「決められたことだから黙って従わねばならない」という姿勢です。その結果、日本のスポーツ界は、機械的な筋肉の出力という点では優れているものの、自分の考え、判断といった人間の「自主」「自律」にかかわることになると、とたんにトーンダウンしてしまう、という人材を生み続けてきました。

古い話で恐縮ですが、政治的な理由でアメリカが１９８０年にモスクワ五輪をボイコットした時、いわゆる西側諸国もそれに追随し、日本もその一員となりました。しかし、イギリスの選手たちは別でした。イギリス政府がボイコットと決めても、自分たちはアスリートとして自主的に参加することを決意したのです。開会式に英国旗であるユニオンジャックではなく、五輪旗を掲げて行進するイギリスの選手団を見て、私はその「自主、自律」の精神に大変感激したのを覚えています。

たとえ政府の決定でさえ、納得できなければ受け入れない。アスリートの中にそうした思考回路を醸成できるイギリスの風土は、さすがに近代スポーツ発祥の地だと感心します。そのレベルまで達するのはまだ難しいにしても、日本のアスリート、あるいはスポーツ関係者は、現在、日々活動の中でどこまでスポーツの神髄である「自主、自律」の精神を自ら抱き、あるいは育てようとしているでしょうか。

オシム監督は、質問をした記者に対して「ではあなたはどう思うのか」と逆に問いかけることがあります。記者に確固たる自分の考えがあれば、すぐに質問を重ねていけるでしょう。しかし、記者が薄っぺらな一般論を投げかけただけなら、すぐに返答に窮してしまいます。その意味では、記者も常に自分の頭で考え、判断し、適切な言葉でオシム監督の考えを引き出さねばなりません。

ジーコが投げかけ、オシムが火をつけた「自分の頭で考える」というキーワードが、今、日本のスポーツ界に良い刺激を与えていると思います。すべての日本のアスリート、スポーツ指導者、あるいはスポーツメディアの関係者は、はたして自分がどこまで自分の頭で考え、「自主、自律」して行動しているのか、一度、省みてみるといいでしょう。

スポーツの意義は自己表現にある

私は、スポーツをすることは絵画を描いたり、音楽を演奏したり、文章を書いたりすることと同じで、自己表現の一つだと思っています。自分の感じ方、考え方を、プレーを通して表現するのです。とはいえ、絵画、音楽、文学などと違って、スポーツには常に二者の間で勝敗を決するという特徴があります。ですから、スポーツのプレーは常に、自己表現でありながらも、勝利に向かってもっとも合理的な方法であるべき、という課題を背負わされます。

スポーツの監督・コーチは、勝利に向かうためにもっとも合理的だと自分が信じるプレーをあらかじめ用意し、それを実践させようとします。理想は、その監督・コーチの感じ方と、プレーする選手の感じ方とが一致することですが、現実にはそう簡単にいきません。ある一つのプレーに対して、それが勝利に向かうためのもっとも合理的な方法と感じるかどうかは、人によって違ってきます。

プロスポーツの場合なら、指導者と選手の間に感じ方に違いがあっても、指導者が強制的に自分の指示する方法をとることが許されます。なぜなら、彼らは互いにビジネスとしての契約の中で結果を求められているからです。指導者はその方法で失敗すれば責任をとって解雇される危険を背負い、また、選手は与えられた条件の中で結果を出すことで高額な年俸を約束される、という関係の中で両者は生きているからです。

しかし、そうした関係をアマチュアのスポーツ、とくに育成期の青少年の指導に当てはめるのは間違いです。なぜなら、育成期のスポーツは、ビジネスとしての結果を求められてはいないからです。育成期の青少年は、大観衆を楽しませ、テレビの視聴率を稼ぎ、スポンサーの名前を出すためにプレーしているのではありません。

私は、育成期の青少年がスポーツをする意義の中で、もっとも重要なことの一つが、さきほど挙げた自己表現だと思っています。勝利を目指すために最適だと自分が感じたこと、思ったことを、プレーとして表現していくことこそ、もっとも重要なスポーツの意義の一つとだと思うのです。このように書くと、スポーツする青少年たちは自分勝手に、感じたままに、気ままにプレーすればよいと言っているように思われるかもしれませんが、それは違います。

さきほども言ったように、勝利のためにもっとも合理的だと感じる方法論は、しばしば指導者の感じ方、考え方、また時にはチームメイトとのそれとも一致しません。ですから、そうした食い違いの中で、「なぜ自分はそのように感じ、考えるのか」ということを理路整然と主張し、同時に相手の主張を理解していくことが求められます。自分が存分に自己表現をするということは、同時に、相手の自己表現も認めるというスタンスが必要なのです。こうして、プレーを通じて自己表現をする中で、互いの立場を認め合うという視点がつくり出されます。

ですから私は、スポーツする青少年は、まずプレーを通して自分の意志を存分に表せるようになることが重要と考えます。そのためには、スポーツの指導者は、青少年の選手が、一つひとつのプレーの場面において「自分はなぜそのようにプレーしたのか」ということを考え、主張できるように育てなければならないと思っています。しかし現実には、その逆で、日本のスポーツ界には、「選手はあまり考えなくていい」、「指導者のいうことに黙って従いさえすればいい」、という考えが根強く残っています。

体力低下の見本

文部科学省は2006年度、専門家らのグループで子どもの「基本運動のリスト」を作成し、その基準にそって「習熟度テスト」を実施、評価に従って、子どもたちに「基本的な体の動かし方」の指導をする、という計画を示しています。こうした計画が実行されるのは、毎年、子どもたちに実施している「体力・運動能力テスト」の成績低下がいちじるしい一方で、走る、投げる、跳ぶといった、基本的な運動動作自体がおかしくなっている、という現実があるからです。

思い当たる節はあります。私が主宰するサッカークラブでも、走り方そのものがおかしい、と感じる子どもは少なくありません。そういう子どもたちは、足の運び、腕の振りなどが、ぎこちなく、走っている時の体全体のバランスが乱れていて、足音も「ドタドタ」という感じです。成長の過程で、手足を大きく動かして、全身を使って動いた経験が少ないということを感じさせます。試しに「でんぐり返し（前転）」などをさせますと、まともに転がることができません。もっと驚くのは、柔軟体操のようなことをすると、子どもたちの体が異常に硬く、口々に「痛い、痛い」といって、足を伸ばすことをいやがります。

しかしその一方で、地域で行われる少年サッカーの大会などでは、恐ろしく運動能力の高い子どもたちばかりで構成されているチームが多いことに驚かされます。イレブンの隅々まで足が速くて機敏な子どもが揃い、控え選手でさえも、いわゆる「鈍くさい」子はいません。

そうした大会の会場に行けば、文部科学省が憂慮する「子どもの体力の低下」など、にわかには信じられない光景が待っているのです。

こうした現象は、近年、いちじるしくなった、「子どもの体力の二極化」を如実に示しています。全体の傾向として、子どもは外遊びをせずに塾、習い事に通い、遊びの内容もマンガを読んだりゲームをしたりという室内型が中心になっています。その一方で、サッカー、野球、ミニバスケット、バレーなど、地域の少年スポーツは専門競技化を進めていて、運動会でヒーローになれるようなレベルの運動能力がある子どもでないと、とてもまともについていけないようになっています。つまり、すでに小学校低学年の頃から、スポーツに親しむチャンスがあるのは、選ばれし能力を持った子どもだけ、という現実があるのです。

文部科学省が憂慮する「子どもの体力低下」という現実の最前線にいるような、本来、もっともスポーツが必要とされているような子どもたちは、現実には地域のスポーツクラブには入りにくいような環境ができあがっています。そのため、そのような子どもたちが、ますます室内遊び中心になって、走り方そのもの、動き方そのものが、おかしくなっても、不思議ではないのです。勝利第一主義を排し、子ども一人ひとりをよくみる指導を掲げている私たちのクラブに、そのような子どもが集まってくる理由がよくわかります。

先日、クラブの1年生がジャングルジムからすべり落ちて、あごを打ってしまいました。幸い、大事には至りませんでしたが、その子どもの両親は「あの子がそんな危ないことをするなんて」と驚いていました。その子はまさに「体力低下」の見本のような子で、走り方もおかしく、動作も緩慢で、口だけは達者というタイプでした。しかし、クラブで活動するうちに、次第に体を動かすことに自信をつけたようです。その結果、ジャングルジムでの事件となったわけです。私はご両親にお見舞いの言葉をかけながらも、不謹慎ながらその子のたくましい変身ぶりに内心、ほくそ笑みました。

寒さで体がきたえられるか？

寒い季節になると、毎年、何度か同じシーンを見ます。子どもをグラウンドに送ってきた親が、グラウンドに飛び出そうとするわが子の上着を脱がすのです。寒空の下、子どもは震えながらグラウンドに出てきます。私が「お母さん、体が温まるまで上着を着せてやってください」というと、「サッカーやるのにいいんですか」と聞き返されます。若い親の中にも、未だにスポーツをする時には上着など着ているものではない、というような固定概念があるようです。

当然のことですが、気温が寒いときには、いくらスポーツをするのであっても、防寒は必要です。まず、体が冷えることを予防し、体を動かして体温が上がってきてから、徐々に着ているものを脱いでいけばいいのです。ウォーミングアップという項目があるくらいですから、スポーツでよいパフォーマンスを出すためには、体温は一定のレベルまで上昇する必要があります。ある研究では、体温が

38度くらいの時に、筋肉はもっとも力を発揮しやすいという報告がなされています。

私が、寒いときには子どもに上着を着せてください、手袋をさせてください、必要ならニット帽を被ってもいいですよ、と言うと、けげんな顔をする親も少なくありません。それは、スポーツではそうした心身にとって辛いことに耐えていく「修業の精神」が必要なのだというイメージを抱いているからなのでしょう。スポーツをする時には、寒い、暑い、痛い、辛いといった、ネガティブな要素に対して泣き言を言うものではない、という価値観を持つ人は未だに少なくありません。

もちろん、スポーツは心身両面を時間をかけて向上させていく活動ですから、そうしたネガティブな要素を乗り越えなければならない場面に必ず遭遇します。しかし、耐えることに意味があるものと、そうでないものがあります。寒さに耐える力をつけることは、たしかに生きていくうえで無駄にはなりません。しかし、子ども時代に限られた時間の中でスポーツを楽しむ時に、寒さに耐える力を養うことは、プライオリティとしては低いところにあると思います。それよりも、自分の体の動きと体温の上昇の関係を感じ取りながら、衣服の調節をしていくことを覚え、常に快適な状況でスポーツを享受できることの方が子どもには大事でしょう。

そんなわけで、冬期には上着、手袋、帽子の着用が多くなりますが、同時に、それらの忘れ物も多くなります。忘れ物をしていく子どもがどのような子かをよく見ていますと、大抵は、衣服の脱着に母親が手を出している子が多いようです。子ども自身に意識させることなく、親が先走って手をかけている子どもは、結局、自己管理能力も育たないのです。

こうした忘れ物に関しては、さらに興味深いことがあります。子どもがジャンパーなどを忘れて帰った場合、親はすぐに気づいて、「忘れ物はなかったですか」とコーチに問い合わせるものだと思うのですが、最近はそうではないこともしばしばあります。まだ十分に使えるジャンパーなどが、ずっと何週間も忘れ物の箱の中に置き去りになっているのです。親はなぜ、子どもに忘れ物を探してくるよう命じないのでしょうか、なぜ、コーチたちに問い合わせないのでしょうか。「なくしたからしょうがない」と、すぐに新しいものを買い与えているのでしょうか。

若い親には、「スポーツをする時には寒くても上着を脱ぐもの」という「がまん」の固定概念を信じることよりも、「モノを大事にする」という精神を思い出し、わが子を自律させる教育をしてほしいと思います。

カップラーメンでは体ができない

クラブの練習に一番乗りしてきた子どもが私に話しかけてきました。

「コーチ、お昼に何を食べたの」。

「今日はサンドイッチだったな。君は何を食べたの」。

「オレ、カップラーメン」。

「え、それだけかい」。

続いてやってきた子も、次々に会話に加わってきました。

「オレもカップラーメン」。

「オレも」。

「おいおい、それじゃ、いつまでたっても背が高くならないぞ」。

「でも、おいしいもん」。

「そうだよ、おいしいよ」。


育ち盛りの子どもがこれでは困ると思いました。たしかに若い両親は忙しく、日曜の昼食くらい手を抜きたいという気持ちもわかります。しかし、栄養摂取の面でまったく期待できないカップラーメンを、子どもに食事として与えるのはいかがなものでしょうか。しかも子どもたちはそれを「おいしい」と言います。最近のカップラーメンの味が以前よりよくなっていることは認めますが、それでも私たちの世代には、あの人工的な味つけ、食感には違和感があります。今の子どもたちは、それを「おいしい」と思うほど、日常的に食べているのでしょう。

カップラーメンなど加工食品に含まれる防腐剤、人工甘味料、着色料などの添加物は、体にとっては異物です。それらの異物を体外に排出する際にビタミン、ミネラルが動員されるため、結果的に体内のビタミン、ミネラルが欠乏しがちになるという話を聞いたことがあります。怒りやすい、集中力が欠けがち、疲れやすい、という現代の子どもに特徴的な症状の原因の一つに、ビタミン、ミネラル不足が考えられるといいます。お昼にカップラーメンという食生活では、そのような現状も当然かと思います。

夏休みに中学生を3泊4日の遠征に引率した時にも、食生活で驚いたことがありました。偏食をする子どもがあまりに多いのです。それも、きゅうり、レタスなどといった、ごく一般的な食品が食べられないのですから、驚きました。こちらが「全部食べるまでは部屋に帰さない」と言うと、ほんの指先ほどの量が食べられずに、何十分もテーブルの前に座っている子どももいました。

無理して食べなくていいと育てられたのか、それとも、親がそんなことまでかまっている時間がなかったのか。いずれにせよ、その子たちは、嫌いな食品を鼻をつまんで一気に飲み込んでしまう、といった行為すらできませんでした。一方、そのうちの何人かは、おやつのお菓子は人一倍、食べるという、まるで食育がなっていないかのような行動パターンでした。私は、いったい何歳の子どもを引率してきたのかと、あきれた記憶があります。

言うまでもありませんが、偏食をする子どもに、一人として骨太でがっちりした体型の子はいません。みんな、細身できゃしゃな体つきです。そして、そういう子どもたちは、サッカーのプレーでも粘り強さがなく簡単にあきらめてしまうという特徴があります。サッカーに限らず、スポーツでは、辛いプレー、苦しいプレーをしなければならない場面が多くありますが、そんな、あえて体にムチ打たねばならないようなプレーの場面で、彼らは粘り強く頑張れずに、あっさりとあきらめてしまうのです。

これは想像ですが、そうした心身両面でのひ弱さは、栄養面での不足だけでなく、好きなものを好きなようにしか食べていないという、自己コントロールの欠けた食生活にも関係しているのではないでしょうか。たかが食事、と思われるかもしれません。しかし、スポーツマンとして成長していくためには、食生活をコントロールする意識は欠かせません。できるだけ体に良いものを食べる、という意識は、小学生から身につけることができます。そのためには親の努力が必要です。お昼にカップラーメンを与えるのではなく、「そんなもの食べていては体に良くないよ」と食育をすべきです。そうやって、日常生活の中で自己コントロールしていく習慣をつけていくことが、やがてスポーツのプレーの中でも、苦しく辛いことに敢然と立ち向かう精神に育っていくのだと思います。

乱れた食事

先日、気になるシーンを目撃しました。ファミリーレストランで食事をしているときのことです。紺色の制服を着て眼鏡をかけた1年生くらいの男の子と、整った身なりの母親が私の席の隣に座りました。男の子は私立小学校に通っているようです。注文して間もなく、男の子のメニューが運ばれてきました。どうやらキッズセットを頼んだようで、食事より前にデザートのゼリーとジュースが運ばれてきました。男の子は迷わずジュースを飲みほすと、ゼリーをほお張り、あっという間にゼリー二つを平らげてしまいました。

しばらくして、メインの食事が運ばれてきました。男の子はまず、添え物のフライドポテトに手を伸ばしました。一つ、二つ、三つ……。メインの食事には目もくれず、何本かのポテトをほお張った男の子は、「ふぅー」と息をついて、椅子の背にもたれ、後は主食類には手をつけようとしませんでした。その間、母親は何を注意するでもなく、黙々と自分の食事を進めていました。

何日かして、別のファミリーレストランで、こんなシーンを見ました。お稽古事の帰りとおぼしき母娘です。入店してから、注文の食事がくるまでの間、母親はずっと携帯電話を見つめて、何か操作しています。娘とは一言も口をききません。とくに二人がケンカをしているという様子でもなく、ごく普通の関係なのですが、とにかく母親は終始、携帯電話を見つめて操作しています。しばらくして食事が運ばれてきても、母親は携帯電話を開いたままです。

驚いたことに、その母親は右手にお箸、左手に携帯電話、というスタイルで、食事を始めました。わが子を前にして、携帯電話をいじりながら、食事を続けているのです。娘の方も、そんな母親を前にして、一人で黙々と食事を進めています。その母親がパタリと携帯電話を閉じたのは、食事が4分の3ほど進んだ後でした。結局、入店してから食事を終えて帰るまで、その母娘にはほとんど会話がありませんでした。

前にも触れたようにスポーツには正しい食生活が欠かせません。スポーツとは、日々、トレーニングすることを通じて新しい技術を身につけ、体力を向上させていく活動です。よりよい自分をつくり上げていくために、新しい神経細胞の連結を促し、新しい筋肉をつくり、新しい赤血球を増やしていく活動なのです。そのためには、新しい自分をつくっていくための材料、すなわち、十分な栄養の摂取は不可欠な要素です。

栄養摂取は、分量だけが足りていればいいというものではありません。摂取のタイミングや、摂取する時の精神的環境も重要になります。空腹時にいきなり糖分の多いジュースやゼリー、油分の多いフライドポテトを食べてしまえば、小さな消化器と満腹中枢はすぐに満たされてしまいます。また、母娘二人きりなのに、自分の相手をしようとせずに終始、携帯電話を見つめている母親を前にした子どもの食事は、決して快活なものではなく、消化酵素の働きも十分でないことが想像されます。

ともあれ、その親子のみならず、最近は、幼い子どもに場所や時間をまったく考えずに安易にジュースやお菓子を与えている親が、目立つようになっています。「食べる」という行為に、メリハリも、タイミングも、自制心も、見通しもない、安直な行動が目立ちます。

私がファミリーレストランで目撃したこの二人の子どもが、日頃スポーツに親しんでいるかどうかは、知る由もありません。しかし、こうした乱れた食習慣を持つ子どもたちが、スポーツを習いにサッカークラブや少年野球に入会してくる確率は非常に高くなっています。これからは、少年スポーツのコーチたちは、食事指導にまで気を配る必要があるのです。

ゆがんだ学校開放

青少年のスポーツ指導をしていて、もっとも頭を悩ませる問題がグラウンドの確保です。ちなみに、現在、フットサルという6人制のサッカーが急速に普及し、各地に有料のフットサル場がオープンしています。これらは、テニスコートよりやや広いほどコートを1面、1時間、借りるだけで、平均1万円強の利用料がかかります。地域の青少年から会費を徴収して活動するクラブにとって、このように利用料のかかる施設は、とても常時使うことはできません。

そこで、お世話になるのが学校開放という制度です。これは、文字通り、学校施設を学業外の時間に地域の住民に開放するものです。通い慣れた学校のグラウンドや体育館でスポーツができるので、子どもを送りだす親も安心ですし、通う子どもたちにとっても便利です。何より、無料で場所を使えるので、地域のスポーツ組織の運営にとっては欠かせない制度です。

ところが、同じ学校のグラウンドや体育館を使うのが、一つの組織とは限りません。多くの学校で、いくつもの団体が競合する形になってしまいます。そこで、利用団体をどのように決定するのかというと、それは、各学校ごとに自主的に組織されている「開放委員会」の方針で決まります。しかし、この開放委員会がくせものです。

開放委員会は、基本的には参加団体の自主運営という形をとっていますが、実際には既得権の行使が横行しています。その委員会に多くの人員を送り込んでいるスポーツ団体が、ほぼ独善的に使用の割り振りを決めてしまうというケースが数多く見られるのです。その結果、ある団体が決まった時間帯にグラウンドや体育館を使用するということが、不文律のようになっているのです。

他の団体や、新しく参入しようとする団体が、そうした不公平を指摘します。すると、すでに参加している団体が「組織からの脱退」「使用不許可」をちらつかせながら、圧力をかけてきます。「オレたちのやり方に文句があるなら使わせないぞ」というヤクザまがいの方法です。スポーツ組織にとって、場所が使えないことは死活問題です。ですから、決定権のある人物のご機嫌をうかがいながら、使える場所を「分けてもらっている」という現状があるのです。

また、一度、特定の団体がある時間帯を使う「不文律」を獲得してしまうと、その権利を二度と失わないために、いろいろな手を使ってきます。私のサッカークラブが使用している小学校で、こんなことがありました。

ママさんソフトボールのクラブがわずか4～5人で広いグラウンド一面を3時間確保しています。じつにもったいない話なので、グラウンドの半面、あるいは、使用時間のうちの1時間でも譲ってもらえないかと交渉しました。答えはノーです。そして、次の週から、彼女たちは、知り合いのシニアサッカーの団体に、場所を貸しはじめました。その結果、ママさんソフトの使用として許可されたグラウンドで成人男性のサッカーが行われるようになったのです。

開放委員会でこの点を指摘しました。すると、シニアサッカーのメンバーは参加者の面前で驚くべきことを発言しました。

「自分たちはサッカーはやっていない。ソフトのチームのメンバーとして、彼女らの練習を補助しているのだ。そのためグローブも買ってある」。

開いた口が塞がりませんでした。いい年をした大人たちが、グラウンドの又貸しをし、また、稚拙なウソをついてまで既得権を離すまいとしたのです。しかし、開放委員会が彼女、彼らの仲間で構成されている以上、問題はここで打ち切りです。

同じ学校開放でも、学校側が職員（教員）の中に担当者を定め、その人が利用の一切を取り仕切る、という形もあります。

そうした形式で利用する場合、私たちのような利用団体は、毎月、希望利用日を用紙に記入して提出します。締め切り日までに提出された書類の中から、その担当者が次月の利用団体を決定するのです。複数の利用希望から、どの団体が利用を許可されるのか、利用許可については一応ガイドラインのようなものはありますが、実質的に、それは担当者の腹積もり一つで決まります。

極端な話、その人物の機嫌を損ねるようなことがあれば、許可が下りる可能性は減ります。事実、書類を提出する際、窓口で手渡しせずに郵便ポストに入れたという理由で、書類提出の仕方が悪いと注意され、許可が下りない月がありました。ですから私たちは、その人物に盆暮れの付け届けを欠かしません。いつ出会っても、平身低頭して感謝の意を述べます。バカバカしい話ですが、その人物がそれこそクラブの生殺与奪《せいさつよだつ》の権を握っている以上、やむを得ません。市、県など、上位の組織にこの不条理を申し出たところで、「裁量は現場にある」と取り合ってはくれないのです。

また、学校開放には、学校の教科活動、学校の部活動が優先、という規則があります。当然ではありますが、時にはこんなこともあります。私たちのクラブの中学生以上の年齢の部員は、水曜と金曜にナイター照明のついた学校開放を利用しています。しかし、しばしば金曜日の許可がもらえないことがあります。それは、翌土曜の午前から学校のサッカー部が試合をするために、金曜の放課後の練習後にラインを引くからです。私たちがナイターでグラウンドを使うと、引いたラインが乱れてしまうので使用不許可、というわけです。ラインなど当日、土曜に30分早く来れば引けるものですが、それが面倒なので金曜のうちに引いておく、そのラインが消えると困るので、外部の団体は不許可にする、という考えです。また、雨が降った日は、学校のサッカー部はそのままグラウンドを使用しますが、私たちはグラウンド不良という理由で使用不許可になります。

学校開放という制度の中で、グラウンドや体育館の利用者を決めるには、もう一つの方法があります。それは、完全に抽選で決める方式です。これなら不正も癒着《ゆちゃく》も談合もなく、文句なしで民主的ではあります。しかしここでは、私たちのように地域に根差した恒常的な活動を目指している団体も、「とりあえず申し込んでおけ」という無計画なグループも、同じ確率で競争することになります。その結果、私たちが抽選に外れて、試合を控えた何十人もの部員が路頭に迷っている一方で、抽選に当たったグループが、ダラダラと4～5人で2時間、グラウンドを独占しているということもあります。抽選に当たるという「運」に頼る形では、計画的、かつ恒常的な組織運営はできません。

文部科学省は、地域に根づいたスポーツ組織の充実を推進しているようです。しかし、同省の担当者は、まず地域の現場では、このように活動場所の確保というもっとも基本的な部分に対する問題（しかもその多くは極めて低次元）が山積みになっていることを知る必要があります。もっとも、こうした政策にかかわる役人自身が、スポーツ体験が極めて乏しい人たちなのですから、未来は明るいとはいえません。

天下り運営のスポーツ施設

スポーツの組織を運営するうえで、学校開放で校庭、体育館を借りる以外に、公営の有料スポーツ施設を抽選で使えることがあります。立派な施設をリーズナブルな料金で使用できる点では、「さすがに公営」と思うのですが、その半面、現場での職員の対応も「やはり公営」と失望することが少なくありません。

ある公営施設を借りてサッカーの試合をしました。利用料を支払おうと事務所に行くと、「○時〜△時の間は不在です」と書いた立て札が立っています。昼休み中は、窓口は閉めるというのです。ひと昔前の役所じゃあるまいし、とあきれていると、もう一つの立て札に次のように書いてありました。「おつりのないよう、ご用意ください」。その施設は2時間単位で貸し出していて、料金は2600円です。多くの利用者が3000円を出し、400円のおつりが必要になることは明らかです。それを見越して、一日４団体、最大１６００円分の百円玉を用意することくらい、わけのないことだと思うのですが……。

昼休みが終わるのを待って、試しに３０００円を差し出してみました。「おつりのないように、と書いてあるんですが」と、対応の女性。「細かいのがないんですよ」と私。「おつりがないように、と書いてあるんですけど」とオウム返しの女性。「あなた、料金の発生する仕事をしていて、始めからおつりはありません、などというのはおかしいでしょう」と少し強面《こわもて》になった私。「今度から、細かいのを持ってきてください」と、しぶしぶ引き出しを開けた女性の手元には、きちんと４００円ずつ束になった百円玉が並べてありました。

また、別の公営施設を利用した時には、おつりのことは言われなかったものの、利用承諾書への捺印、領収書の作成など、初歩的な事務作業にひどく時間がとられました。一つひとつに、責任者然として座っている男性の承認が必要で、作業が滞《とどこお》ります。窓口業務の女性がいるのですが、彼女らは書類を右から左に運ぶだけで、すべての事項がその男性のところへ行くために、遅々として作業が進まないのです。しかも、その男性は、利用者が長時間、待たされていることなどまったく関知しないかのように、悠然と書類に目を通し、いくつもの判を押しています。

私たちサッカー場の利用者の他にも野球場、テニス場の利用者が列をなしています。みんなスケジュールを組んで動いていますから、イライラが募り、表情も険しくなります。すると、私の後ろに並んでいた中年の男性がこんなことを聞こえよがしに言いました。

「だから天下ったやつらはダメなんだよ。高い給料もらっているくせに、ろくな仕事をしやしない」。

たしかに、公営のスポーツ施設の多くは、○○事業団、△△協会、□□振興会などという名称の、公共体の外郭団体が運営していることが多くあります。そして、その施設責任者には、市、県などから天下った人物があたることがほとんどです。そうした人物のどれだけが、第二の人生はスポーツ環境の充実に捧げる、と考えているでしょうか。もし考えているなら、昼休みの窓口を閉めたり、おつりの用意をしぶったり、単純な作業の合理化を妨げたりすることはないでしょう。

そういえば、列をなした事務所の隣には、こぢんまりした記念館がありました。毎週末、スポーツをする人で賑わう施設ですが、その記念館に入場する人はほとんど見たことがありません。なぜ、広い事務所の中に記念の物品を陳列できないのでしょうか。天下りの館長職の就職先のために立てられたのでは、と邪推したくなります。そんなことに税金を使うなら、少しは利用者のサービス向上に回してほしいと思うのです。

みにくいほど偏った判定

ある日曜日の夕方、私たちのクラブの6年生のコーチであるK君が、その日にあった市大会の報告にやってきました。「人間不信になりました」と語るK君はひどくショックを受けているようで、気の毒なくらいに落ち込んでいます。彼が指導するチームが審判のひどい判定に泣かされたというのです。稚拙な審判の判定に泣かされるのは日常茶飯事なのですが、話を聞くと、どうやら今回は少し事情が違うようです。

少年の大会の審判は、参加チームの関係者が互いに持ち回りでこなします。その日、私たちのチームの試合の主審を務めたのは、前日、私たちのチームに負けたTチームの関係者でした。決勝トーナメントにはグループ2位以内のチームしか進めません。トーナメント進出をもくろむTチームにとって、わがチームからこうむった敗戦は痛く、他のチームとの力関係を考えると、Tチームがグループ2位以内を確保するためには、わがチームがどこかで「取りこぼし」をする必要があります。そんな状況で、わがチームの試合の主審をTチームの関係者が務めたのでした。

判定はみにくいほどに偏っていたといいます。わがチームの選手が足をかけられて倒れたのに、PK（ペナルティキック）は与えられず、逆にわがチームのDF（ディフェンス）が少し相手の体に触れただけで相手にはPKを与える、わがチームのコーナーキックが相手のゴールキックになってしまう、反則を犯しているのは相手なのに、相手にフリーキックを与える、などなど。最後には、利益を得ている相手チームの子どもさえも「いいの？」と首をかしげながらプレーしていたそうです。

結局、わがチームの子どもたちは精神的にひどく動揺してしまい、日頃の練習試合で勝利していた相手に苦杯を喫してしまいました。わがチームの負けが決まった瞬間、ライン際で見ていたTチームの子どもたちは「やった！」と歓声を上げていたそうです。

「人間ですから、微妙なプレーに対して、一つ二つは恣意《しい》的なものが働いても仕方がないとは思います。だけど、あそこまであからさまに、えげつなくやられると……。『判定だから仕方がないんだよ、文句を言ってはいけないよ』というレベルの話ではないことは、当の子どもたちが察知してしまっていて。だから、試合後、子どもたちにどのように説明してやればいいか言葉が見つからなくて……」。

K君は絶句してしまいました。彼は、某私立大学の大学院でコーチングを学びました。人を教えることに関する理論的素養は十二分に身につけています。しかし、スポーツの指導では、机上の論理ではまかなえない困難を解決していく柔軟な応用力が求められます。「だから君も現場で場数を踏みなさい、修羅場をくぐりなさい」と、わがチームのコーチに誘った人物です。しかし、こんな形でその〝修羅場〟を経験するとは思わなかったことでしょう。四十、五十の分別あるべき大人が、そのような卑怯な行為を子どもに対して平気ですること自体、純な彼には信じられなかったようです。

その試合の直後、今度はTチームの試合の審判割当がK君にまわって来ました。

「正直言って、普通の気持ちではできなかったですね。試合中、何度も、何度も、それなら同じように仕返しをしてやるぞ、という気持ちになりました。だけど、試合をしている子どもたちには罪はなくて、すべては汚れた大人が悪いんだ、と自分に言い聞かせて、あくまでフェアにやりました」。

今にも泣きだしそうな目をしてうつむきながら語るK君の話を聞いて、私は「ああ、この青年をわがチームのコーチにして本当に良かった」と心の底から思いました。

敗戦にもめげなかった子どもたち

ライバルチームの関係者による恣意的な判定で敗戦に追い込まれたわがチームの小学6年生たち。その後の経過を報告しましょう。

彼らは結局グループ3位となり、あの敗戦がなければ2位以内で決勝トーナメントに進めていたことがわかりました。悔しい結末ですが、彼らの後腐れない明るさに、われわれコーチ陣は救われています。

その6年生たちですが、普段からとても仲が良く、毎日のように誘い合って遊んでいます。互いの弟たちも仲間に引き入れ、うまく集団で行動しています。塾通いやゲーム遊びが多い昨今、縦割り集団となって外で体を動かして遊ぶことの多い彼らの姿は、私たちの子ども時代を思い出させます。よく外で遊ぶ彼らは、身体的にも能力が高く、サッカーの面でも、われわれコーチがとくに力を入れなくても、どんどん上手になっています。

彼らは、たとえばグラウンド整備や後片づけなど、気乗りのしない仕事でも文句をいわずに、子どもどうし、互いがうまく仕事を分け合い、協力して働くことができます。だれかが要領よくさぼったり、ごまかしたりすることがありません。しかし、だからといって、彼らはカチッと四角四面な生真《きま》面目《じめ》人間というわけではなく、適当にふざけあいながら、和気あいあいと楽しく共同作業しています。

そんな彼らを見ていると、彼らとはまったく対照的だった少し前の6年生のチームを思い出します。その子たちは、受験を控えている子を筆頭に、あまり外では遊ばず、ましてや集団で行動することも少ない子たちでした。そんな日常ですから、当然、身体能力もさほど高くなく、サッカーにも熱心ではなくて、上達は期待したほどではありませんでした。

ところが彼らは、シュートがゴールを外れた時に、だれがボールを拾いにいくかで、いつも激しく言い争いをしていました。また、グラウンド整備や後片づけなど、気の進まないことをする時に、「だれが何を何回やったか」といったことに対して、異常なほどに神経をとがらせるのでした。「モップかけが1回多かった」「運んだ荷物が1つ少なかった」「A君だけがまだ言われたことをやっていない」などということを、ことさら気にするのです。そして、少しでも自分が損をしたと思うことが見つかると、あきれるくらいにしつこく、それをコーチに申し立てるのでした。

サッカーではからきし覇気がないのに、「損・得」といった事柄に関しては人が変わったように執着する。そんな彼らの行動に、コーチ陣は頭を痛めたものです。当時はその原因を深く追及することなく、彼らも卒業していきましたが、その彼らとは正反対のキャラクターを持つ6年生の行動を見ていると、原因がわかったような気がします。

言い古されたことですが、やはり子どもは、さまざまな年代が交じり合い、外で体を動かして遊ぶ中で、社会的、人間的、そして身体能力的に成長していくのです。受験のように数字で線引きされる世界では、自分に課されたものだけをひたすら忠実にこなせば評価されるのかもしれません。

荷物の持ち運び一つで目くじらを立てていた先の6年生たちと違い、その6年生たちは、毎日の集団外遊びの中で自然に人間性、社会性、身体能力を伸ばしているようです。それどころか、彼らは、先日の恣意的な判定のような、チーム外から振りかかった理不尽な出来事に対しても対処できる、心の広さも身につけたようです。

違和感のある大人の感覚

ある日、私のもとに、文書が届きました。私たちのサッカーチームが所属する、某市のサッカー協会からの「通達」でした。内容は、サッカー協会が、あるチームに対して、試合にエントリーしていない選手を出場させた件で、処分を課したというものです。当該チームはもちろんのこと、他のチームも今後、このようなことのないように、との注意が添えられています。

さらに詳しく読むと、事態は次のようなものだったようです。大会は、1・2年生の部、3・4年生の部、5・6年生の部というように、2学年単位で分けられています。そのチームは、3・4年生の部の試合の際、ケガ人などでメンバーが足りなくなってしまったため、急遽《きゅうきょ》、すでに1・2年生の部で日程を終えていた2年生を、助っ人としてメンバーに加えたというのです。通達は、そのチームの代表者を名指しで非難し、そのチームの市の大会の成績をすべて抹消するという厳しい内容でした。

私は、それを読んで、しばらく考え込んでしまいました。3・4年生の部に5年生、6年生を出場させたならともかく、年下の2年生を、それもメンバー不足を補うために出場させたことが、そんなにアンフェアなことだろうか、と。たしかに、規定では、チームのメンバーとしてエントリーしていない選手を出場させてはいけないという項目がかかげられています。書面に従うなら、たとえ年下でも、それは処分の対象となります。しかし……。

大会を司り、処分を決定した協会は、「理由の如何《いかん》にかかわらず、そのような前例を認めてしまえば、後に収拾がつかなくなる」、と判断したのでしょう。それは、裏返すと、仮に協会が今回の件を容認してしまったなら、「あの時、あのチームは3・4年生の部に2年生を出場させたではないか。だから、うちもエントリー外の選手を出場させろ」と主張してくるチームがありうる、と判断したのでしょう。たかが子どものサッカーで、そこまで……と思いますが、そういうこともあるだろう、とも思われます。なぜなら、今回の処分が行われた裏には、そのことを協会に「不正だ」と通告し、抗議したチームが存在するという現実があるからです。

「3・4年生の部に、エントリーしていない2年生を出場させているのはルール違反だ」と訴え出るチームがあるという現実。そして、それを受けて、協会も周囲のチームも「メンバーが足りないのなら、年下の子を一人出すくらい、いいじゃないですか」と言えない現実。さらに、まるでJリーグの規律委員会の決定のような「記録抹消」という厳しい処分。これらを見ると、私はどうしても違和感を覚えてしまいます。

たかが子どものサッカーで、こうしたことが厳然と行われるのは、とりもなおさず、勝利第一主義が蔓延しているからです。勝つか負けるか、ブロックの1位になるか2位になるか、決勝トーナメントで何回勝ち進んだか、そんなことに汲々《きゅうきゅう》とする中、書面に照らして「ルール違反」を指摘し、厳密に処分する。そうでもしないと、微細なことで順位が上下してしまいます。一つ順位が上になるか下になるかは、各チームの一大関心事になってしまっているのです。以前に、私のチームの6年生が、あからさまな恣意的判定を受けて敗退に追い込まれたことを紹介しましたが、それも、同じ大会で起こったことです。

3・4年生の部の試合にエントリー外の2年生が出場したことを、試合をした当の子どもたちは多分、「汚い」とは感じていないと思います。すべては、大人が大人の理屈でやっていることです。大人の勝利第一主義が、少年スポーツを窮屈なものにしています。

大人の勝利第一主義に毒されている

この件に関して、「その子が始めから3・4年生のチームの一員として登録されていないなら、登録外の子を出すのはルール違反だ。だから処分されて当然。それがどうしておかしいのか」と思われる読者の方も多いと思います。

たしかにルール厳守というスポーツの原則からすればごもっともな指摘だと思います。しかし、たかだか10歳ほどの子どもの行うスポーツに対して、そのようなルールを厳然と規定し、厳しい処分を課しながら1点、1勝を争って一喜一憂している大人の感覚はいかがなものでしょうか。言い換えれば、処分を伴う厳しいルール設定をしなければ子どものスポーツ大会が成立しないのは、それにかかわる大人たちが勝利第一主義に浸かり切っているからではないか、と嘆いているのです。

サッカーにはGK（ゴールキーパー）の6秒ルールというものがあります。GKがボールを手にした時、あまり長くボールを保持すると、ゲームのスピーディーな展開に水を差すこと、また、勝っているチームのGKが時間稼ぎをすること、などの理由から、GKがボールを保持してから6秒以内に蹴ったり投げたりすることを促すルールです。

たとえば、小さな体の1、2年生のGKがボールをキャッチした後、蹴ったり投げたりがうまくできないために、まごまごして6秒を超えてしまうことがあります。それに対して即座にピッと笛を吹き「はい6秒ルール」といって反則を適応する審判がいます。そんな場面を見ると、私は、何と本質を見る力がないものかと、嘆かわしくなります。

たしかにルールはルールですから、相手が子どもでも6秒ルールを適応させることは間違いではないかもしれません。しかし、そのルールの主旨は、スピーディーな展開の促進、時間稼ぎの防止のはずです。それならば、審判をする大人はまず、その子どもの行為が、その主旨に反しているかどうかを吟味する必要があるでしょう。技術が未熟なゆえに、もたついてプレーに時間がかかったのなら、それを許容する「広さ」「余裕」が大人には必要だと思うのです。

今回のケースでも、エントリー外の2年生を出場させることはルール違反には違いありません。しかし、少年サッカーの普及、スポーツを通じた少年の育成、という本質から考えるなら、ルールの適応には多少の猶予《ゆうよ》がほしい気がします。「人数が足りなくなったのなら今回はしょうがないね」と、みんなで了解する程度の余裕がほしいと思うのです。しかし、そういうことを認めていると、その善意を悪用して、勝利のためにエントリー外の子どもを連れてくるチームが出る可能性がある。それも現実です。だから、厳然とルールを適応せざるを得ない。そんな、大人の勝利第一主義に毒されてしまった少年スポーツの現状が、嘆かわしいと思うのです。

「ほんとはダメだけど、まぁ11人で試合できてよかったね」と言える余裕が、処分を受けたチームの周囲の大人にはなかったのでしょう。「ふーん、あの子2年生なの、なかなかやるじゃない」と言える余裕も、相手チームの大人にもなかったのでしょう。子どもが元気に試合をしているかたわらで、エントリー表と実際の出場選手を一人ひとり照合しながら「あの子はエントリーしていない子だ、協会に提訴しなければ」と、目をぎらつかせている大人がいることを想像すると、なんともやり切れなくなるのです。

ルールは絶対的なものか?

興味深いエピソードを紹介しましょう。

私のサッカークラブの3年生の話です。彼らは先日、ある大会で4年生チームと対戦しました。彼らは予想外の健闘をし、なんと4年生チームから先制点を奪ってしまいました。その後、均衡した試合が続きましたが、試合半ばで同点に追いつかれてから落胆し、追加点を奪われて1対2で惜敗しました。同点に追いつかれたのは、GK（ゴールキーパー）へのバックパスの反則をとられ、ゴール直前の位置からFK（フリーキック）を決められたからです。

GKへのバックパスを制限するルールは、ゲームのスピーディーな展開を促す主旨で制定されました。手を使ってボールを扱えるGKに味方がパスをすることを自由に許すと、勝っているチームがそれを何度もくり返し行って、時間を稼ぐ恐れがあるからです。現在のルールでは、味方がGKにパスした時は、GKは手でボールを扱えず、足でプレーしなければなりません。もしGKが味方のパスを手で拾い上げたら、相手のFKになってしまいます。3年生はその反則をとられたのです。

状況は次の通りでした。グラウンドの中央付近で、相手チームの選手がキックしたボールをわがチームのA君がストップしようとして、足を伸ばしました。キックされたボールは、伸ばされたA君の足に当たりましたが、勢いがあったのでそのまま転がり続けて、わがチームのGKであるB君のところまで達しました。B君は何の迷いもなくボールを手で拾い上げました。そこでホイッスルが吹かれ、反則となったわけです。理由は、ボールはA君の足に当たってから転がり、B君が拾い上げたのだから、厳密にいえばA君のパスをB君が受けたということになる……ということでした。

同じ3年生のもう一つの試合では、こういうことがありました。ボールがラインを越えて、副審（ラインズマン）が即座に旗を挙げました。それを見てみんながスローインと思い、プレーを止め、わがチームのC君が転がってきたボールを手で拾い上げて、相手チームの子に渡そうとしました。するとピッと笛を吹かれ、ＰＫ（ペナルティーキック）が宣告されたのです。

理由はこうです。たとえ副審が旗を揚げてスローインを示したとしても、主審は笛を吹かずにプレーは続いていたのだから、その場合はプレーを続行しなければならない。プレー中にペナルティエリア内で手でボールを扱ったからＰＫである……。親切心から相手にボールを渡そうとしてＰＫを宣告されたC君が、どれだけ落胆したかはお察しいただけるでしょう。

すべてはルールに厳密に従った結果です。

スポーツのルールを子どものプレーに対してどのように適応していくか、という部分には、さまざまな解釈があるでしょう。社会は法によって規定されている。いずれ子どもは社会に出て法を順守する立場になる。だから子どものスポーツといえども、ルール厳守でいくべき、というご意見もあるかと思います。

しかし私は、子どもに対してスポーツルールの何をどのように適応していくべきか、という点には、幅広い「猶予」があってしかるべき、と考えています。「それでは基準があいまいになる」という批判もあるでしょう。しかしあいまいになって困るのは、勝者、敗者、順位を厳然と決めなければならない、その中で一つでも上に行かねばならない、という呪縛があるからではないでしょうか。

没収試合が宣告された

ルール厳守に関して、もう一つエピソードを紹介しましょう。ある時、全国高校選手権東京都予選の情報をインターネットで調べていて、気になるものをみつけました。ある学校が没収試合という処分を受け敗退していたのです。さらに調べると、事の推移は次のようなことだったそうです。

日本のサッカー界では登録制度が整備されていて、日本サッカー協会に所属し、同協会が主催する公式戦に出場するには、小学生から社会人、女子にいたるまで、すべて個人としての選手登録を行い、それぞれが個別の登録番号を取得することになっています。登録が完了した選手は個人番号が記載された「選手証」を持ちます。公式戦では、すべての選手がその選手証を持参し、大会本部に提示して、所属チームの登録選手であることを証明する必要があります。その学校は、選手証を会場に持参するのを忘れてしまい、没収試合という処分を受けたようです。

私のチームでもそうなのですが、通常は、個々の選手が選手証を持参し忘れることがないよう、監督、コーチ、マネージャーなどが、チーム分の選手証を一括して保持しています。ところが、時として、その監督、コーチ、マネージャーらが、選手証を持参し忘れてしまうということがあるのです。この学校も同じで、試合間際になって、全員の分を置き忘れてきたことに気づいたようです。慌てて取りに戻りましたが、あと20分ほどで到着というところで試合開始時間となり、没収試合が宣告されたといいます。

「選手証を提示すること」と大会規定に示されている以上、試合開始までに選手証を提示できなかったその学校が没収試合を宣告されても、ルール上、やむを得ないかもしれません。しかし、何か釈然としない気持ちが残ります。

そもそも、なぜ選手証を提示するかという「法の精神」の部分にたちかえれば、それは、二重登録や替え玉出場を防止するためです。試合に臨む選手一人ひとりが、間違いなくその学校のサッカー部の生徒であり、他のチームから呼び寄せた助っ人選手などはいない、ということを証明する手だてとして、試合前に写真つきの選手証を提示するわけです。ですから、本来、重要なことは、ピッチでプレーしている選手が本当にその学校の選手として登録されているか否か、ということなのです。

その真意を考えてみると、急いで選手証を取りに戻った関係者がグラウンドに到着するまで待つ、という猶予があってもよかったのではないかと私は思います。とりあえず試合は開始し、ハーフタイムに改めて選手証と選手の顔を照合する、そういう形で登録を確認することに何も問題はないでしょう。

こういうことを言うと、必ず「そんなことを一つひとつ認めていたら収拾がつかなくなる」という批判がでます。しかし仮に、私がいうような形で試合を実施したとして、本当に収拾がつかなくなるような問題が起きるでしょうか。実際にその学校に未登録選手、あるいは替え玉選手がいたならともかく、時間的には少し遅れたけれども、全選手が正当な登録選手だということがハーフタイムに確認された場合に、それはおかしい、アンフェアだという抗議が持ち上がるでしょうか。

3年間、練習を重ねてきた選手たちは、卒業前の最後の大会で、ユニフォームを着てライン際で試合開始を待っている時に、「はい時間切れです」と没収試合を宣言されました。大会本部は、ルールには厳格、一切、例外は認めず、という姿勢を示したのでしょうが、私はそこには、なぜそのルールがあるのか、という「法の精神」が抜け落ちていると思います。

「悪いのはあなたの子どもです」

以前、ジャーナリスト仲間から、こんな話を聞きました。彼の仕事のフィールドは私と同じスポーツですが、自分の子どもが不登校になったことなどもあり、彼も青少年の教育に大きな関心を持っています。また彼は、仕事の合間に学習塾の講師もしていました。

ある日、彼が受け持つクラスで事件が起きました。男の子数人のグループが、クラスで一番おとなしい女の子に対して、容姿について聞くに堪えない罵声を浴びせ、体を小突くなどのいやがらせをした挙げ句、髪の毛にガムをくっつけるいたずらをしたというのです。女の子はもちろん、泣きながら帰宅しました。それを聞きつけた彼は激怒し、男の子たちを呼びつけ、激しく叱り、女の子に謝罪するよう強くいいつけました。私はその話を聞いて、「オレだったら、そいつらを10発くらいひっぱたくね」と冗談まじりに言いました。彼は、「あはは、そんな体罰なんかしたら大変なことになりますよ」と笑いながら、こう言いました。

「いくら何でも10発、ひっぱたくわけにはいかないけど、僕は思わず『オマエ、なんてことをするんだ』と言って、持っていたノートで男の子の頭を軽くポン、とたたいてしまったんですよ」。

「だめだよ、その程度じゃ。甘い、甘い」と、私もつい悪ノリをして軽口をたたいてしまいました。

すると、「じつはね、そのポン、が命取りになったんですよ」と彼は言いました。

彼は、その男の子のしたことがいかに人間として恥ずかしいことなのか、という点を長時間、説教したそうです。男の子は神妙な顔で帰宅しました。やれやれ少しは薬が効いたかな、と思っていたところ、しばらくしてその子の母親が塾に怒鳴り込んできたといいます。

「うちの子が講師に体罰を受けた、どのように責任をとってくれるのか」。

もちろん、塾側も彼も、事の推移を説明しましたが、母親は自分の子どものしたことを棚に上げ、ノートで頭をたたかれたことを強調し続けます。母親は「体罰」を受けた、という点ばかりを主張し、責任をとれと一歩も引きません。結局、塾側が折れる形になり、彼は講師を解雇されたというのです。

「まあ、学習塾も所詮《しょせん》、客商売ですし、今は少子化で競争が激しいですからね」と彼はあきらめた様子でした。

私は、その塾の責任者が、学習塾という形態で子どもの教育を推進する立場の人間として、どうして体を張って講師の彼を守ってくれなかったのかと考えました。「よく考えてください。悪いのはあなたの子どもです。うちの講師がそれを諫《いさ》めたことが間違っているというのであれば、残念ですが塾を辞めてくださって結構です」と、どうして毅然《きぜん》として言えなかったのかと、残念に思うのです。

怒った母親が子どもを辞めさせることで生徒が一人減ること、また、よからぬ噂が立つことは、塾の経営を圧迫することになるかもしれません。家族を抱えながら塾を経営していくには、正論だけではすまない部分もあるかもしれません。しかし、青少年を教育していくということは、そうしたリスクをも省みずに、人として正しい道を説き、正論を守っていく、ということではないのでしょうか。

人を育てるという信念を貫けるのは、もはや物語や映画の世界だけなのでしょうか。

経営不振が怖い、クビが怖い、クレームが怖い。その言い分もわかります。しかし、それらを恐れて人として理不尽なことに流されていく姿をさらしていることが、結局、教育者としての尊厳をそこなっているとはいえないでしょうか。教育の最前線にいる人たちが、現実に流されて正論を曲げることを容認する姿を見せていれば、子どもも、親も、教育者に一目置こうとせず、単なる「子どもを預かる大人」として見てしまうのではないでしょうか。

体罰に関するさまざまな視点

この話を新聞のコラムに、「塾をクビになった講師」という形で紹介したところ、読者のみなさんから、講師の行為を否定する意見と、肯定する意見の両方が寄せられました。

私は、ある専門学校で、スポーツ指導者養成の講師を務めています。講座名は「スポーツコーチング」で、現場でスポーツ指導をするうえで必要な知識や態度、考え方などを講義しています。先日、その授業の一環として、私のコラムと、読者から寄せられた、塾の講師の行動を否定する意見、肯定する意見の両方を全文示し、「これらを参考にしながら、あなたの体罰に関する考えを述べなさい」という課題を与えました。

その日、授業に出席したのは全部で36名です。書き終えた課題を集めて読んでみると、塾の講師の行為を否定し、「いかなる場合も体罰はいけないと思う」という意見を述べた生徒は3名、「場合によっては体罰もありうる」とした生徒が28名、第三者的に問題の難しさに触れ、どちらともとれない態度を示したのが5名でした。

このように報告すると、専門学校の生徒たちがスポーツ指導者を目指していることから、「スポーツ界に根深く残る体罰容認の伝統」といった批判が聞こえてきそうですが、生徒の原稿を読んでいくと、それほど単純ではないことがわかります。講師の行為に肯定的だった生徒の意見のいくつかを紹介しましょう。

「講師がノートで頭をたたいたのは、無意味な暴力とはちがう」。

「本気で生徒のことを考えて、人としてしてはいけないことを教えようとしたなら、それは体罰とはいえない」。

「思いつき、ストレス発散でたたいたのではなく、男児のことを思った行為だから正しかった」。

「暴力で従わせようとする行為は体罰で反対だが、この例では教育理念が先に立っている。その意味では、現在の日本の体罰に関するとらえ方には疑問を感じる」。

「体罰とは自分の一方的な考えで暴力を振るうこと。人として許せないことを強く怒ることは、教育者として必要」。

「考え、理念のある上での体罰は構わないと思う」。

「今の日本で体罰を行えばどれだけ批判されるかはだれでも知っている。その上であえて本気で叱ってくれる人は、むしろありがたい存在だ」。

「たたいてケガをさせたなら論外だが、それは絶対にしてはいけないことだということを示すために、必要なことだったと思う」。

肯定派の生徒は全般に、体に触れればすべて体罰でありそれは悪である、とする現在の日本の世論の傾向には批判的でした。彼らに一環していたのは、指導者が本気で教育的な視点に立っているのかどうか、個人の感情の一時的爆発で手を出しているのかどうか、ということの区別が大事、という視点でした。また、これらの意見の他にもっとも多かったのは「指導者と保護者、生徒との信頼関係があれば、たとえ体罰と判断されることがあっても、解釈が違ってくる」という考えでした。さらに目立ったのは、「何よりも問題は母親」という意見で、「そんなことをさせる男児の母親は、そもそも自分の息子の教育を放棄しているようなものであり、そのような親には抗議する資格はない」という旨の厳しい指摘も、複数ありました。

彼らはまだ現場で揉まれたことのない、机上の論理しか知らない、世間知らずの指導者の卵です。それにしても二十歳前後の現代の若者が、このような考えを持つのかと、興味深く原稿を読みました。

受験とサッカーが両立する方法はないのか

私のクラブの6年生の父親が、「9月いっぱいで退部させていただきます」といってきました。「練習に行けたり、行けなかったりで、中途半端なので」というのがその理由でした。

その子は、途中入部だったために、当初は技術的には周囲の子に後れをとってはいましたが、足が速く身体的素質があったので、上達も早く、指導者にとっては教え甲斐のある子でした。ただ、彼と同じ学年のチームには上手な子が多く、彼が彼なりに上達しても、なかなかスタメン出場はできませんでした。それでも、クラブの方針で、公式戦などでは必ず交代出場の機会をつくり、少しずつ自信をつけさせていったのでした。

そんな状況ですから、彼には今後も人一倍、頑張ってもらって、いつかはスタメン出場を果たし、自信と達成感をつかんでもらいたいと願っていました。また、本格的な活動のスタートが遅かった分、これから先、中学になってからも十分に「伸びしろ」があるので、それを見越して、今は慌てずにじっくり基礎的なものを身につけてもらいたいとも思っていました。

しかし、お父さんが「練習に行けたり、行けなかったりで……」と言ったように、彼はこのところ、練習や試合をよく休むようになりました。公式戦では交代出場だったので、練習試合では存分に出場させてあげよう、などと思っていても、その練習試合を休むということもしばしばでした。理由は塾の講習や模擬試験があったからです。どうやら中学受験を考えているようで、塾の講習や模擬試験が土日にある練習や試合と重なったのです。今回、退部を決めたのも、これから先、もっと講習や模擬試験が増えるからなのでしょう。

こうしたケースには、これまで何度も遭遇してきましたが、そのたびに私は、何とも悲しい気持ちになります。もちろん、受験は家庭の方針であり、外部の者が口出しをする筋合いはありません。また、少年の生活はサッカーだけを考えていればいいわけでもありません。しかし、人生の中でもっとも身のこなしが研ぎ澄まされる時期であり、仲間とのコミュニケーションの中で社会性の基盤がつくられていく時期であり、実際にそれらがスポーツを通じて順調に高まっていると実感できている時に、道半ばでそれを辞めてしまうのは、じつにもったいないことだと思うのです。

彼が今後、机にかじりつき、点数と席次に一喜一憂する生活に没頭していかねばならないと思うと、何ともやり切れなくなります。何とか両立できる方法はないものなのでしょうか。もちろん、両親も当初は何とかサッカーも続けさせたいと思い、彼を励ましていたに違いありません。私たち指導者も、先ほど触れたように、たとえ彼が休みがちであっても、必ず試合出場の機会を与えて、じっくり成長を見守っていました。ある意味、そうしたことが、両立への努力だったのかもしれません。

ただ、一方で熱心にサッカーを続けるチームメイトがいる以上、途中入部の彼とチームメイトとの技術の差は、彼が欠席する時間が長くなることと比例して、開く一方になってしまいます。いくら私たち指導者が励まし、上達を認めてあげても、彼は自分とチームメイトとの差が加速度的に開いていくことを、まともに体感したことでしょう。もしかしたら、彼自信が「もうついていけない」と感じていたのかもしれません。

コンスタントに活動に加わってくれていたなら、また、これからもコンスタントに活動していくなら、人としていろいろなことを身につけることができたのに……。そんな空しさを、また来年も感じなければならないのでしょうか。

時間の管理と夜10時の帰宅

クラブの中学生たちのナイター練習が終わるのは夜の9時ですので、帰宅し、就寝するのは10時台、11時台になってしまいます。夜間の塾通いに慣れている現代の子どもたちにとっては、10時台、11時台の就寝など珍しくないようですが、それでも生活リズムの乱れは気になります。

私たちのクラブの指導方針を気に入ってくれながらも、わが子を中学生の部へ入部させることをためらう親御さんが毎年います。週に2回、夜に練習をするという部分が気になるようです。毎日6時に完全下校になる学校のサッカー部と違い、週に2回でも帰宅が10時前後になることで、勉強に支障が出るのではないかと心配するのです。親御さんの心配もごもっともですが、私はむしろ逆だと思っています。生活リズムをコントロールする力を養う、よい機会だと考えるのです。

週に2回はサッカーに通わねばならない。その日は家では勉強ができない。ならば、それを前提にして一週間のスケジュールを考える。宿題や勉強を練習日以外のウイークデイでいかに合理的に片づけていくか。そういう自己管理の力を身につけていくチャンスだと思うのです。忙中閑ありといわれるように時間が限られている方が、むしろ時間を合理的に使えるということは、古くからよく知られているのです。だから私は、中学生の選手たちにしばしば、「君たちは学校のサッカー部に入っている人よりも、時間の使い方が上手でなければならない。週に2回、夜に練習に通うことで、勉強の時間がないという言い訳は絶対にしてはいけない」といっています。

和歌山県で行われた小・中学生の生活習慣と学力に関する調査によると、中学1年生で「毎日、朝食を食べる」生徒の学力診断テストの正答率が62・7%であるのに対し、「毎日、食べない」生徒の正答率は57・1%だったそうです（『「夜ふかし」の脳科学』神山潤著／中央公論新社）。生活習慣を正しく保てる力はすなわち、物事を秩序立てて片づけていく力、つまり合理的な学習能力につながると考えられます。親御さんには、毎日6時に完全下校になるということに安心せずに、わが子が帰宅後、どのように時間を過ごしているのかという部分を考えてほしいと思います。

以前、こんなことがありました。秋になって、中学3年生のA君が退部を申し出てきました。学校のサッカー部の人たちはすでに夏に引退して受験に専念している。自分もこれから受験に専念するためにサッカーを辞める、というのです。A君はその時点で「退部」という形になり、それ以来、卒業まで一度もグラウンドに顔を出しませんでした。一方、彼のチームメイトのB君は、12月、1月になっても時折、ナイター練習に顔を出し、後輩たちと一緒にボールを蹴っていました。「こんな時期まで大丈夫なの？」というコーチ陣の心配をよそに、「勉強ばかりだと気が滅入るから。今日の分はちゃんと片づけてきたよ」と、明るく笑っていました。

3月になって、3年生の進路が決まりました。秋に早々と退部したA君は残念ながら志望校に合格することができませんでした。しかし、1月まで自分のペースで練習をしていたB君は満面の笑みで志望校合格を報告にきました。スポーツと勉強を上手に両立させた子の方が、早々と勉強ばかりに専念した子よりも、より自分の希望に近い進路を決めている。こうした事実は、毎年私の目前で証明されています。

受験勝ち組の末路

先日、私のコーチ仲間がこんな話をしてくれました。彼は、久しぶりに自身のサッカーの教え子であるD君に会いました。彼は、D君のひどく肥満した体形を見てびっくりしました。なにせ幼稚園から小学生にかけて、彼は細くて小さな子どもだったからです。すでに社会人となったD君は、家庭を持ち、幼い子どももいるということでした。しばし近況を語り合った後、「そんな体じゃ、そのうち病気になるぞ、トレーニングして絞っておけ」と言って別れたといいます。

彼はそれから数週間して、これまた偶然に、D君のお母さんに会いました。「先日、D君に会ったのですよ。あまりに太っていて驚きましたよ」と伝えると、お母さんは少し表情をくもらせてこう言ったそうです。

「じつはね、あの子、会社を辞めたくて辞めたくて、しょうがないみたいなんですよ。孫を連れてウチにくるたびに愚痴を言って……。そのうち、コーチにも相談に行くかもしれませんから、その時はよろしくおねがいします」。

彼は、複雑な気持ちになったといいます。記憶をたどると、D君は小学生の頃、エース格でキャプテンも務めていました。しかし、4年生頃から、中学受験に備えるため有名進学塾に通うようになり、6年生になるとサッカーを欠席しがちになりました。夏過ぎには、ほとんど休んでいたという記憶があるそうです。今ではそこかしこで見られる中学受験ですが、その当時は今ほど多くはありませんでした。D君を見て、「こんな子どもの頃から勉強ばかりさせてどうするんだ」と当時の彼は内心は憤っていたのだそうです。当然、D君が抜けた後のチームは戦力ダウンで、負けが増えました。

D君はその後、有名私立中学、高校を経て、有名私立大学に入学し、安定した企業に就職したようです。一般論として、小学4年生の頃から受験に精を出し、有名私立中学、高校に進学したのは、有名大学に入学するためであり、有名大学に入学するのは、安定した企業に就職するためであり、安定した企業に就職するのは、それが給与などの点で幸せな生活を送るための条件だと考えるからでしょう。その意味で言えば、D君は小学4年生の時点で設定した壮大な人生設計プロジェクトの成功者です。10歳から十数年間、ひたすら描いてきた最終目標に到達できたわけです。D君のような例を今風に言えば「勝ち組」というのでしょうか。

安定した企業に就職し家庭も築いたというD君は、本来ならプラン通りの人生を着実に上ってきた幸福感に満ちているはずです。しかし現実には、実家に帰っては「辞めたい」と愚痴をこぼしている。D君の信じられないほど肥満してしまった体は、不規則な生活や、ストレス、飲酒を想像させます。D君はこの先、何年「辞めたくてしょうがない会社」に通い続けるのでしょうか。そんなことを考え、彼は、「これが、D君が小学4年生の時からずっと追い求めてきたことの結末なのか」と、嘆かわしくなったというのです。

有名進学塾では、毎月、順位決定のためのテストがあるのだそうです。偏差値順に1位、2位、3位……と決めていき、その順に従って子どもの座席も並べられるのだそうです。子どもが座っている位置で、常に順位が一目瞭然になる仕組みです。「目標の学校に入るためには偏差値○○、順位は△△」と追い立てられれば、たしかに親子共々「スポーツどころではない」という心理になるでしょう。一つでも問題を多く解き、一つでも正解を多く出し、一つでも順位を上げなければ、という毎日になるのでしょう。

子ども時代とは本来、その時でなければ感じえない、その時でなければ育てられない、その時でなければ身につけられない、多くの経験、環境に囲まれています。たとえばスポーツには「勝利を目指して力を合わせる」「仲間の弱い部分を他が助ける」「敗戦を受け入れる」「敗者を思いやる」などの経験がつきものですが、これらは、多感で柔軟な子ども時代にこそ数多く経験させ、理解させたいものです。これらの感覚は、「何が何でも順位を一つでも上げればいい」「勝者にならねば意味がない」

という受験経験では醸成されません。

旬である「今」を逃してしまうと、後になっては同様な形では身につきにくい、ということが、子ども時代には心身両面で数多くあります。「安定した企業への就職」という中学受験狂騒曲の最終目標は、それらを疎かにしてもなお、余りあるほどの絶大な価値を持つものなのでしょうか。中学受験に狂奔する親たちは、自分の子どもの将来像をどのように描いているのでしょうか。

経験が外注化されていないか？

私のサッカークラブでは、時々、練習に遅れてきたり、早退したりする子どもがいます。遅れてくるのも、早退するのも、他の習い事の時間とサッカーの時間が重なるためです。空手を習ってからサッカーに来る、あるいは、サッカーの途中からスイミングに行く、といった形です。追われるように支度をしている姿を見て、小さな体でよくも頑張れるものだと、心配してしまいます。

いつからか、このようにして子どもたちの生活の中に「習う」という行為が大きな部分を占めるようになりました。英語もそろばんも習字もピアノもサッカーも空手もスイミングも、習い事を教えるのはその世界の専門家ですから、子どもたちには、よく練られた計画的なプログラムが施されることでしょう。知識や技術を限られた時間の中でムダなく習得していくには、プロたちに「習う」ことが一番かもしれません。

実際、私の受け持つ低学年の子どもたちの中にも、英単語を知っていたり、囲碁の知識があったり、水泳で驚くほどの距離が泳げる子がいます。私たちの子ども時代と比べると、今の子どもが身につけている知識、技術は驚くほど多く、多岐にわたっていると感じられます。高学年の子どもに、中学受験対策で身につけた「環境問題」について語られて、舌を巻いた経験もあります。

ところがその一方で、未成年が親を殺したり、友人に刃物を向けたりする凶悪犯罪が頻発しています。万引きの増加も書店、ＣＤ店の経営者を悩ませています。友人とも教師ともうまくコミュニケーションがとれず、小さなことでトラブルを起こす子どもが増えています。若い親が幼子を虐待死させるニュースが珍しいものではなくなってきています。私たちオジサン世代が知りえなかった豊富な知識や技術を身につけ、昔では考えられなかった豊かな経験をしているはずの「若い」世代が、なぜこうした非人間的な行為に走るのでしょうか。

原因を一言で言い表すのはむずかしいでしょうが、私は、その一つに「経験の外注化」があると感じています。見る、聞く、学ぶ、遊ぶといった、子ども成長に必要なこと、言い換えれば、本来なら友人どうし、あるいは親子で一緒に体を使って遊び、学び、身につけたいものの多くが、その道のプロに外注されているのです。たとえば、運動は体操教室で、水泳はスイミングで、勉強は塾で、というふうに。

その結果、子どもたちは、その分野の専門性は高まるのですが、一方で何か大切なものが抜け落ちてしまう気がします。計算された合理的なプログラムの下、専門的な知識、技術は高まるものの、肌のぬくもりのある人と人との触れ合いが欠如し、理屈では解決できない、人の心の機微を知ることができない子が育っているのではないでしょうか。私は、今の子どもたちを見ていると「仏つくって魂入れず」という言葉が思い浮かんできます。

手前みそですが、私の娘はスイミングスクールに通った経験がありません。「泳ぎはお父さんと遊びながら覚えればいい」という主義で通したからです。そんなわけで、娘は小学校に入っても、スイミングに通っている友だちが見事にバタフライを披露する傍らで、浮輪が手放せませんでした。しかし、その娘も私と夏にプール通いをしながら自然に泳ぎを覚え、中学に入ってからは3000mの遠泳をこなすまでになりました。

見事なバタフライを披露してくれた友だちは、今はスイミングを辞めてしまったそうです。娘は、次の夏は下級生の臨海教室に遠泳指導のコーチとして行くのだと、張りきっています。自信がない子を勇気づけ、完泳する喜びを味わわせたいのだと言っています。問題は、これまた私と遊びながら好きになったサッカーの練習日と、どう折り合いをつけるかのようです。

習い上手になった子どもが心配

私のクラブの中学生は、通っている学校のサッカー部には所属せず、夜間7時から行うナイター練習に通ってくれています。夜間の練習という悪条件にもかかわらず参加してくれているのは、親子共々、私たちの指導方針に賛同してくれてのことですので、ありがたいことだと思っています。

クラブの夜間定期練習日は、水曜、金曜です。土日の昼間に試合をこなすことが多いので、合わせて週に3~4日の活動となりますが、時間や体調の管理能力を身につけるうえで、毎日サッカー漬けの生活にするよりは、ベターなスケジュールだと考えています。

中学生が入部する際に提出する申込書には、練習日である水曜、金曜以外の放課後の行動も記入するようになっています。その欄を見て、時々、ため息をつきたくなることがあります。水曜、金曜以外の曜日に、びっしりと他の活動が書き込まれていることがあるのです。月曜・塾（英語）、火曜・塾（数学）、木曜・書道、土曜・塾（国語）、などなど。日曜日以外に、子どもが夕飯時に家にいることがない、という例は決して少なくありません。

私たちのサッカークラブも、週に2回、子どもたちに夜間の活動というイレギュラーな生活をさせているので、偉そうなことはいえません。しかし、子どもたちのスケジュールから垣間見える、息をもつけぬような一週間の生活を想像すると、絶句してしまいます。それでなくても、子どもたちは月曜から金曜まで毎日、学校で5~6時間の授業をこなしているのです。私の少年時代など、毎日、学校の授業を6時間もこなすだけで息苦しく感じたものなのに、今の子どもたちは、その上さらに放課後、本来なら就寝する時間まで、毎日、何かを習っているのです。

こうした生活を送っていて、子どもたちの体調が崩れないかと気になりますが、私はそれよりももっと心配している事があります。それは、子どもたちが「習い上手」になることです。最近は、授業の方法に工夫をしている先生もいますが、それでも子どもたちにとって、基本的には学校の授業は「受け身」です。それでも昔なら、放課後は心身ともに解放された自主、自律の時間でした。長時間の授業の拘束から解放された子どもたちは、遊びの中で互いにかかわり合い、ぶつかり合いながら、自らの判断で物事を解決する事を学び、仲間と協調していったのです。

しかし、今の子どもたちには、その放課後の心身の解放がありません。帰宅した子どもたちは、再び、どこかの教室へ何かを「習い」に出かけるのです。つまり、朝、家を出てから、夜、寝るまで、子どもたちは常に受け身で何かを「習う」立場にいるのです。それを一週間、毎日、続けていたらどうなるでしょう。私は、子どもたちが、物事は何でも「習う」ものであり、待っていれば先生やコーチが教えてくれるものだ、と考えてしまう人間になることが心配です。

「習い上手」になってしまった子どもは、指導者からすれば、よく言うことを聞く、理解力の高い、扱いやすい子どもです。しかし、そういう子どもに、新しいものをつくりだす創造力、自ら発見しようとするバイタリティー、独自の感覚を磨こうとする感性などを期待することはできないでしょう。逆に「独創性はどういう方法で身につきますか」などと、真面目に質問されるのがオチです。

子どもたちのそうした現状を見て、私たちコーチ陣は、サッカーの時間には子どもたちが工夫し、発見し、自らの力で何かを身につけていけるような環境を用意するよう配慮しているつもりです。

賢さゆえの行動ではあるけれど……

少年サッカーで、小学校1年生と幼稚園の年長児の混合クラスを指導した時のことです。線で区切られたエリアの中で、互いのボールを蹴り出し合うゲームをしました。自分のボールを蹴られないように守りながら、その一方で、人のボールを蹴り出すという、子どもたちにとってはスリル満点のゲームです。自分のボールを守ることを忘れて人のボールを蹴りに行ってしまう子、最初から怖がって逃げ回っているだけの子、蹴りも蹴られもしないうちに、自分からしくじってエリアの外に出てしまう子、などなど、みんな歓声を上げながら楽しんでいます。

そんな中、異質な行動をする子が2人いました。四角いエリアの角にボールを置いて、体の後ろに隠し、じっと周りを観察しているのです。他の子がみんな、歓声を上げながらボールを追って走り回っている中、2人はエリアの隅で、まるで自分たちだけ蚊帳《かや》の外にいるかのように、冷静に事の推移を見守っているのです。他の子どもはといえば、そんな2人には気づきもせずに、「やった」「やられた」と大声を出しながら、汗だくで蹴り出しゲームに熱中しています。

やがて制限時間が過ぎました。「僕は1回しか外に出されなかったよ」「僕は2度、出されちゃった」などと、子どもたちが次々に私に「成果」を報告する中、その2人は「僕は一度もやられなかった」と自慢げです。たしかに、彼らのようにリスクを避けて隅でじっとしていれば、外に蹴り出される危険は少なくなります。しかし同時に、蹴り出し合いゲームのスリルは味わうことはできません。

通常、子どもはそこに勝ち負けがあっても、あえて自分が楽しめる方法を選びます。たとえ負けるリスクがあったとしても、過程を楽しむ方法を選ぶものだと思います。そんな中、彼らは、「エリアの外に出されない」という目的に沿った、リスクの少ない、実利を得る方法をいち早く悟ったのです。ある意味で、彼らは「賢い」動き方をしたことになります。彼ら2人にしてみれば、リスクを冒してエリアの中央で汗だくになって走っている仲間は、愚かに見えたかもしれません。

彼らの置かれた環境を知って、「賢さ」の一因がわかりました。2人は、地元の小学校ではなく、有名私立小学校に受験合格した児童だったのです。もともと、彼らが「頭の良い子」であったこともあるでしょう。また、幼児期からの受験教育の中で、事の推移や本質を見極める訓練をされたこともあるでしょう。私も常々、「スポーツでは頭を使え」と言っています。その意味では、彼らのように冷静な判断ができることは、いいことだと思います。しかし、今回のように、幼い頃から「賢さ」が先行し過ぎてしまう姿を見せられると、少し心配にもなってしまいます。

今や、少年サッカーも5、6年生になると、ベンチから飛ぶ指示は、日本代表でも使われるような専門的な内容になっています。少年たちは小学生の時点で、私が大学に入っても知りえなかったような技術、戦術の知識を持ち、中学に入る頃にはすでにサッカー知識は満腹状態になってしまいます。ですから、中学の指導者が教えても、彼らには少しも新鮮味がありません。その頃になると小学校から続いた勝負漬け、大会漬けの毎日にも飽き飽きして、上達の楽しさが見いだせず、多くが燃え尽きてしまいます。

あの「賢い」子ども2人は、この先、どんな人生を歩むのでしょうか。私は、彼らの「賢さ」がよい形で存分に活きるように、また、いつまでも向上心を失わないように、心と体のバランスを考えた指導をしていきたいと思っています。

外国人留学生

最近の学校スポーツのイベントを見ていると、気になることがあります。まずは高校駅伝です。もっとも距離が長く、勝負の鍵となる第1区の先頭集団を引っ張るのは、多くの場合、黒人留学生です。私が見た大会でも、優勝チームも準優勝チームも両方とも、第1区に留学生を配した学校でした。高校バスケットボール選抜優勝大会でも、優勝校、準優勝校とも身長2mを超すセネガルからの黒人留学生を配し、彼らの活躍が勝敗の鍵となっていました。

駅伝、バスケットボール以外にも、高校のサッカー部にブラジル人留学生が、あるいは卓球部に中国人留学生が所属している、などという例は決して珍しくなってきています。若い世代の国際交流が活性化することは大変喜ばしいことですし、私は決して国粋主義者ではないのですが、このように学校スポーツの中で外国人留学生が闊歩《かっぽ》する状況には違和感を覚えてしまいます。

たしかに、日本のサッカー界の技術向上に貢献したのはブラジル国籍の選手たちでした。また、オーストラリア、トンガなどの出身選手はラグビー界のレベルアップに多大な貢献をしています。ハイレベルなプレーに直接、肌で接することは、伸び盛りのスポーツ選手たちにとって良い経験になることはたしかです。しかし、現在の学校スポーツの状況を見ると、外国人留学生の増加は、日本のスポーツのレベルアップを考えてのもの、というよりも、目先の結果を追うための選手獲得合戦のなれの果て、という印象を持たざるを得ません。

ところで、今、欧州のサッカー界では、サッカーエージェントたちが盛んにアフリカ詣でをしています。彼らは、未開の土地で優れた資質を持つ少年を見つけては有名クラブと巨額の選手契約を締結させ、代理人として一攫《いっかく》千金を狙っているのです。一方、アフリカの少年たちにしてみれば、欧州に渡って成功することは夢のサクセスストーリーであり、親類一同にとっても、一族からそのような選手が出れば、周りの人間が一生裕福な暮らしができることになります。そこで、多少でもモノになりそうだと思われた少年は次々にエージェントが両親から引き取り、毎年、多数が欧州に渡るのです。

しかし、現実はそう甘くはありません。有名クラブと契約できるのは、ごく一部の本当に優れた才能だけで、多くは中途で夢敗れてしまいます。ところが、悪徳エージェントは、モノにならないとわかった選手は見捨ててしまい、必要なアフターケアをしません。ですから現在フランスなどを中心に、アフリカから甘い言葉に誘われて出てはきたものの、プロ選手として生活できず、途方に暮れて毎日の生活にも困っているというサッカー少年たちが存在します。

日本の学校スポーツで活躍する留学生たちの学力、語学力などが、在籍する学校のそれにふさわしいレベルのものなのか、祖国の両親がどのようにして学費、長期の滞在費を捻出しているのか、卒業後、彼らが日本の学校から学んだことを祖国にどのように役立てていくのか、私たちは知る術もありません。しかし、本来、そうしたものが備わってこそ成立するのが、学校という枠組みの中での「留学」である、ということを忘れてはいけないと思います。

目先の競技力強化のために、そのような「留学」の基本条件をすべてなし崩しにして、学校が彼らを「助っ人選手」として面倒を見ている、というのであれば、それはもはやプロスポーツチームの在り方と同じです。もしそうならば、欧州で路頭に迷うアフリカ出身の少年たちのように、日本で活躍する留学生たちも、いずれ使い捨てになり路頭に迷ってしまうのではと心配でなりません。

普及あってこそのエリート強化

日本サッカー協会が、競技力向上のために、全国から才能のある少年たちを選抜し、寄宿式で英才教育をしています。フランス、オランダなど、サッカー先進国で行われている方式に習った試みです。結構なことだとは思いますが、こうしたメディアを賑わす華やかなプロジェクトのニュースを耳にするたび、私は何か腑《ふ》に落ちない気分になります。

英才教育を推進するのもいいのですが、その影響なのか、英才教育にはほど遠い、地域の少年サッカークラブの中でさえも、そうした精鋭たちに採用するような最新のトレーニングプログラムを盲目的に取り入れ、それに適応できる運動能力の高い子どもたちだけを選んで勝利第一主義のチームづくりをする姿が目に余ります。そうした下々まで浸透した「選抜主義」から落ちこぼれた子どもたちが、年端もいかない時期から、サッカーをプレーすることを断念する姿を数多く見せられています。

サッカー協会は、エリート教育と底辺の普及は別次元の問題、と言うことでしょう。普及にかかわる指導者は、その点を踏まえて指導すべき、とタテマエを言うでしょう。しかし実際は、本来なら普及に重点を置くべきレベルでさえも、そうした少数精鋭方式をまねた指導、チームづくりを採用している指導者が数多くいるのです。そうした指導者の中には、市、県レベル程度で好成績を挙げては「少年指導のノウハウは確立した」などと自負し「名監督」をきどるという、たちの悪い者も少なくありません。

また、同協会では「芝生のグラウンドを増やそう」というキャンペーンを推進し、学校の校庭を芝生にする運動も推進しています。しかし現場では、「芝なんかどうでもよい、土で十分。いや、砂だらけ、石ころだらけでもいいから、とにかくグラウンドの数自体を確保してくれ」という声が強いことを、サッカー協会は知っているのでしょうか。

私のクラブが所属する区、市では、大会の時期が来るたびにグラウンド確保が大きな問題になっています。また、小学生の部が練習している小学校のグラウンドでは、大人のサッカーチームが虚偽のチーム申告をするなど、ルールの網の目をかいくぐった方法を駆使し、恥も外聞もなく必死になって活動場所を確保しています。彼らの人間としてのモラルはともかく、そもそもグラウンドの数が少ないことが、そうした行動を招く根本の原因であることは明らかです。

私たちのクラブの頂点に位置するトップチームは、市の社会人リーグに所属していますが、ある年度では、勝ち抜きトーナメントの大会をこなしたのは一年にわずか1試合だけでした。その大会の2回戦が行われるのは、なんと翌年の6月です。いかにグラウンドが不足しているか、おわかりいただけるでしょう。大人のチームが手練手管《てれんてくだ》をつかって子どもの活動場所を侵食する現状や、トーナメント戦が一年かけても1回戦しかこなせない状況を見ていると、「何が芝生のグラウンドか。もっと足元を見てくれ」という気持ちになるのです。

サッカー協会がエリート教育のモデルにしたフランス、オランダなどには、もともと、エリートとは無縁の子どもたち、あるいは一般のサッカー愛好者に豊かな環境が用意されています。ごく普通の子どもたち、ごく普通の大人たちが整った環境で安心してサッカーができてこそ、そこから選抜されたエリートの教育が順調に機能しているのです。頂点を高くするためには、すそ野を広く豊かにする必要があるのです。

早期教育への警鐘

メジャーリーガーのイチロー選手、ゴルフの宮里藍選手、卓球の福原愛選手、アイススケートの浅田真央選手……。いずれも幼い頃から才能を見いだされ、それぞれの親による環境整備も加わってトップアスリートになった例です。第二、第三の彼ら、彼女らを目指して、年端も行かない子どもに鬼コーチぶりを発揮しているお父さん、お母さんはめずらしくなくなりました。

私の友人の知人には、まだヨチヨチ歩きの自分の子どもを絶対にプロ野球選手に育てると公言している人がいます。その人は「自分の息子を投手で大成させるにはサウスポーの方が有利だ、だから自分の子どもが右手でモノを持とうとしたらたたくんだ」と真顔で言います。こうした例は野球のみならず、各スポーツにあるでしょう。そして、親によって徹底的に早期教育された「天才少年」たちが、そこかしこに生み出されています。

脳も関節も筋肉も柔軟な子ども時代は、何かを徹底して教え込めば大抵のことは吸収できます。実際、論語や百人一首、英語などが必須になっていて、全員がそれをそらんじる幼稚園などは、珍しくありません。運動技能も、毎日、くり返し徹底すれば、かなりの動きができるようになります。「少年時代の天才」をつくるのは、さほど難しいことではないのです。

ただし、その「少年時代の天才」がそのまま「本物の天才アスリート」になるかどうかは、まったく別の話です。本物のアスリートになるためには、類い稀な筋肉の遺伝子が必要です。とくに「速さ」を支配する能力は遺伝に支配される部分が大きく、どんなに良質な早期教育をしたとしても、生まれ持った以外のものを後から取り付けることはできません。言い換えると、冒頭に触れた親子鷹で成功した人たちは、もともと人並外れた遺伝的能力を持っていたということになります。

天才小学生、天才中学生、超高校級ともてはやされながら、その後、すっかり音沙汰のなくなった人々は数えきれないほど存在します。生まれ持った超人的な才能がない以上、どんなに早くから詰め込んだとしても、残念ながら最後は馬脚を現してしまうのです。人よりたくさんやった分、少年時代には多少、人より前を行くことができただけの話なのです。

スポーツの天才は「生まれる」ものであって「育つ」ものではありません。スポーツの早期教育を徹底すればだれでも天才アスリートになれるという幻影は捨てなければなりません。むしろ、幼い頃からスポーツのためにすべてを犠牲にするような生活をしてしまうと、それによって失われていくもの、手に入れることを逃すものが計り知れなく大きいということを考えねばならないでしょう。塾に習い事にと、分刻みで「ミニ早期教育」に駆り出されている子どもたちが今、どんな心身の問題を抱えるに至ったか、考えてみましょう。

ビニールハウスで人工的な環境を整えてできた果物の味は、露地物の味にはかないません。クリスマスケーキに乗っているいちごは、装飾的にはきれいですが、美味しくありません。人間の子どもも、クリスマスケーキのいちごのように、とりあえず見た目がきれいで、限られた期間だけ人にアピールできればいいのでしょうか。私はそうは思いません。子どもの教育とは、しかるべき成長の時期に、しかるべき環境を与えて、はじめてまっとうな心身を育んでいくものだと信じています。

優勝を狙えると勧誘されたA君

私のクラブで最近、メキメキと技術を上達させているA君が、顔見知りの友だちから勧誘されて、その友だちが所属するクラブに一日体験入部をしました。そのクラブは、勝利第一主義を明確に打ち出していて、子どもたちは厳密に決められたフォーメーションの中で徹底的に「勝つためのプレー」を教え込まれています。そのため、戦績はたしかに見事なもので、数々のタイトルを手にしているようです。

勧誘した子はA君に対して、「おまえは今のクラブにいても、そんなに勝てないし、上手くならないぞ。オレのクラブに来れば、いつも優勝を狙える。一緒にやろうぜ」と誘ったそうです。子どもたちに聞くと、別のクラブに所属していた子がそのクラブに「くら替え」した例は、過去にも何例かあったようです。

能力の高い子を見つけると、その子がすでに地元のクラブに所属しているにもかかわらず、言葉巧みに自分のチームに誘う。こうした発想は、はたしてそのチームの子どもたちの中に、自然に湧き上がったものなのでしょうか。確認はしていませんが、そのクラブの指導者が普段からそのような発想をし、そのような言葉を発しているからこそ、指導されている子どもたちも疑いなくそのような考え方をするようになったのだと思います。

他のチームで活躍する子どもを見つけたそのチームの指導者が、子どもたちに向かってこんなことを言っている姿が想像されます。「あの子、上手いじゃないか。おい、ウチのチームに入らないかって誘ってみろよ。こっちに来れば優勝が狙えるぞって言えば、入るかもしれないぞ」。

A君を勧誘したチームに所属している子が、私たちのチームが練習するグラウンドでボールを蹴って遊んでいることがありました。「君もサッカーやっているの」と私が話しかけると、その子は「うん、○□△でやってる」とそのチームの名前を言いました。「そうなんだ。君はポジションはどこなの」と私が次の問いを発しようとするよりも早く、その子は「何度も優勝したことあるんだ。××の大会でも、□□の大会でも。この間は○○チームにも勝った」と、勝利自慢をはじめました。

勝つことが誇らしいのは子どもの自然な感情ですから、子どもがそれを自慢すること自体はとくに珍しいことではありません。しかし、その子が自分のポジションや、好きな選手や、得意なプレーなどについてはかけらも語ろうとせず、次々に実績自慢ばかりを並び立てるので、私は聞いていてうんざりした覚えがあります。そのチームの中ではともかく、何にもまして「勝利」ということが語られているのでしょう。

環境とは恐ろしいものです。指導者が勝つために手段を選ばず、という哲学を押し出していれば、子どもたちもそのような考え方に染まってしまいます。口を開けば勝ちの自慢ばかりし、能力の高い子を見つければ「ウチに来れば勝てるぞ」と勧誘する。その子が移籍してくれれば、そのチームはさらに戦力が強化されるかもしれません。しかし、その子が去った後のチームがどういうことになるか、ということに思いを致すことができない。人を踏み台にしてでも、自分たちが勝利チームになれればいい、という発想です。

さて誘われたA君ですが、強引に誘われて体験入部したものの、結局そのチームの空気が肌に合わず、移籍には応じなかったようです。後でわかったのですが、A君は親に無断で体験入部してしまったそうです。そのことを知った親は、「おまえはプロじゃないんだ。バカなことを考えるんじゃない」とA君を叱ったそうです。その話を聞いて、コーチ陣はいろいろな意味で安堵しました。

スポーツ強豪校の憂うべき実態

2人の現役高校2年生と話をする機会がありました。彼らは野球やサッカーの強豪として知られる私立高校に通っています。私が「野球部が甲子園にでも出場したりしたら、いろいろと大変なんだろうね」と何気なく聞くと、「そうなんですよ」と彼らは学校の実態を話しはじめました。

その学校では、野球部が甲子園に出場したら、全校生徒が強制的に応援ツアーに参加しなければならないそうです。もちろん、心から仲間を応援したい生徒も多数いるでしょう。しかし、まったく野球に興味のない生徒でも、強制的に甲子園への応援ツアーに参加を強いられるのだそうです。もし応援ツアーに参加しない生徒がいたなら、その生徒の出席簿には授業と同様に「欠席」と記されてしまうのだそうです。彼らは苦笑いしながら言います。「だから、へたに勝ち進まれたりすると、夏休みの予定はメチャクチャなんですよ」。

「野球部やサッカー部の多くはスポーツクラスに所属しているんですよ」と彼らは言います。「ふーん、スポーツクラスね。それは一般の生徒と別のカリキュラムなの」と問うと、彼らはこう答えました。「そうです。普通の勉強とは別に、遠征試合など運動部の活動をすること自体が、単位の中に入っているらしいんです。僕たち一般クラスの生徒にはよくわからない部分もありますけどね……。もっとも、スポーツクラスの連中は朝練で疲れてほとんど授業中は寝ていますから、真面目に勉強しているやつなんかいませんよ」。さらに彼らはこう言います。「大体、スポーツクラスのやつらの教科書は、僕ら一般クラスのと違うんですよ。レベルが低い教科書になっている。まぁ、中には一般クラスに入って普通に勉強しているやつも、少しはいますけどね」。

スポーツクラスなるものを設置して、学力はそっちのけでスポーツの技量のみに優れた者をかき集める。かき集められた者たちは、ろくに勉強もせず、プロ並みの施設を存分に使って、朝に晩に、ひたすら勝利、実績を残すことのみに邁進する。本分であるべき勉学については、レベルを落とした教科書を使い、単位取得などについては存分に便宜をはかられる……。なんということなのでしょう。曲りなりにも「高等学校」という、「学舎」で行われるべきことなのでしょうか。

そうした行為は、当然、その学校にかかわる人々、すなわち「教員」という肩書きの人々によって推進されています。レベルを落とした教科書でさえ、まともに使いこなせない、プロまがいの毎日を送る少年たちを受け持つ教員たちは、いったいどういう教育理念を持って教壇に立っているのでしょうか。授業中に寝てばかりいて、本来の水準にはるかに及ばない学力しかなくても、地域の代表として晴れの全国大会に出場すれば、「学校のヒーロー」として平然と褒め称えるのでしょうか。

「教員」であるスポーツ指導者が、さまざまな条件提示をして全国から運動能力に優れた少年たちを自分の学校にかき集め、勉学をそっちのけでスポーツ強化に邁進する。そうした行為は現在ではすでに定常化しており、教員も生徒も、ほとんど自分たちの行っていることに疑問も持たず、「どこの学校がだれを入れた」とか「来年はだれを捕ることを狙う」、などと平然と語り合っています。

そうして、本分である学業をそっちのけで強化されたスポーツ強豪校が、高校の全国大会に集います。大会は「教育の一環」というスローガンのもとに実施されます。私は、高校スポーツの全国大会ほど、「教育」という言葉がむなしく響く場所はないと思っています。

スポーツ幼稚園

「スポーツ幼稚園」園児募集、というチラシがわが家の新聞に挟み込まれていました。新興住宅地の駅近くに、２００７年春に開園するとのことです。教育方針には、「スポーツと保育を通じて、健康で明るく伸びやかな子どもを育成します」とあります。スポーツを男性教師が、保育を女性教師が指導する1クラス2担任制を導入するのだそうです。

指導種目には、ポートボール、鉄棒、走り高跳び、マット運動、跳び箱、サッカー、短・長距離走、走り幅跳び、リズム体操、リトミック、ボール運動、剣道、整列、サーキット運動、忍者遊び、とあります。こうした種目が、年齢と季節に応じてカリキュラムに網羅されています。実習活動の中には、スケートとスキーも入っています。投げる、走る、跳ぶ、蹴る、滑る……可能な限りの運動種目が用意されています。旧東ドイツのエリート養成スポーツ学校も顔負けの構成です。

まだチラシに記載されていることを読んだだけですので、このスポーツ幼稚園で、現実にどのような指導が実施されるのかについて、詳細は知る由もありません。ただ、気になるのは、これらのカリキュラムのうち、整列、忍者遊び、ボール運動、リトミックの他は、みな記録や勝敗を競うことが基本となる競技種目だということです。

記録や勝敗を競うことが悪いことだと言うつもりはありません。石けりだって、ゴム飛びだって、基本的には記録や勝敗を争うものです。ただ、オリンピック種目のような「競技」となると、旧来の子どもの遊びのように、互いが競い合う中で、心と体を触れ合いながら楽しむという精神が希薄になりがちです。フォームとかタイミングとか、踏み切りとか、握り方とか、いずれその活動は、競技性を高めるためのテクニックの追求に進んでいくものです。とくに、専門の指導者がついて指導するとなると、競技志向は強まっていくことは必然でしょう。

本来、子どもはさまざまな遊びの中で、走る、飛ぶ、投げる、蹴る、つかむ、など競技の基本になる動作を自然に行っています。ただし、それらは「遊び」ですから、好きなときに始めて、好きなときに止めることができます。また、子どもは、たとえばかけっこをするときに、土に棒で上手に線を描いたり、順番を秩序良く決めたり、対抗するチームが均衡するようなチーム分けをしたりしながら、総合的に多方面の分野に触れ、それらを通して社会を学びます。

本来、そうした「遊び」の中で時間をかけて学ぶべきことから、「競技性」を特化させた活動を集中して教えるのが、この幼稚園の方法なのでしょう。たしかにそうした「競技の早期教育」を行えば、いわゆる運動神経の良い子は、やがて高度な競技性を身につけるでしょう。「天才児」ともてはやされる子の誕生です。その一方でその「天才児」らは、運動能力の劣る子を思いやったり、足の速い子も遅い子もうまく溶け合って遊ぶ方法を工夫したりする力、つまり幼児期に養成しておくべき能力が順調に育つのでしょうか。

その幼稚園の名前には聞き覚えがありました。少年サッカーで、連戦連勝、破竹の勢いで多くの大会を制しているチームの名前です。私がくり返し指摘しているように、少年のスポーツ種目で飛び抜けた好成績をあげているチームとは、すなわち、弱肉強食、適者生存の法則を前面に押し出して、運動能力の劣る子を切り捨て、勝負に徹している指導者が率いるチームです。

あのサッカーチームのように、この幼稚園でも、選《よ》りすぐりの子だけが活躍できるという価値観が行き渡ってしまうのでしょうか。それとも「わが子を将来はオリンピック選手に」と夢見る親が、殺到するのでしょうか。

スポーツ入学という誘惑

先日、私は元Jリーガーから声をかけられました。彼は現在、某大学のサッカー部の監督をしています。その大学のサッカー部に、私の教え子の一人（高校3年生）を入部させようと思っている、というのです。大学にはスポーツ選手を無条件で入学させる「枠」があって、○部は何人、△部は何人と割り当てられています。伝統と実績のある運動部ほど、「枠」の数が多いようです。彼は、私の教え子を、その「枠」を利用して入学させようと思っている、というのです。

大学という「学問の府」が、このような制度を設けているのは、とりもなおさず、知名度、好感度アップによる経営の安定が、スポーツによって担われているからです。スポーツで注目された学校は、翌年の受験者数が増えます。今や1人3万円、4万円というレベルの受験料は、大学の大きな収入源です。仮に受験料が1人3万円として、受験者が3千人増えれば大学の収入は、9千万円増え、5千人増えれば1億5千万円増えることになります。

現在、同様のことは高校でも行われています。知名度、好感度を上げるにはスポーツが一番と、学力を不問にしてスポーツ技能のみで生徒を集め、ひたすら実績づくりに邁進する高校が増えているのです。先日、サッカーを強化している高校に息子さんを入学させたお母さんから手紙をいただきました。驚いたことに、その学校では、スポーツクラスの生徒の成績は常に5段階評価の5か4なのだそうです。「息子の力から考えておかしい、息子のためにならない」と担任に相談すると、「校長の方針なので」と担任も困惑していたそうです。

どうやら、スポーツクラスの生徒の成績に対し、実力に不釣り合いな高評価をするのは、大学の進学を睨んでのことらしいのです。中学生を集める際に、「ウチの高校に入れば大学進学も保証する」という条件を出すことは、本人のみならず両親にも大きな説得力を持ちます。また、大学側にとっても、その高校から自動的に優秀な選手が供給されるのであれば、言うことはありません。その際、内申書に、実力はともかく、どこに出しても恥ずかしくない評価が記載されていれば、大手を振って入学できるというわけです。保護者会の際、教師は「ここでは私文書偽造で摘発されてもおかしくないことが行われていますよ」と冗談まじりに語ったといいます。

こうして今や、高校と大学が結託して、経営のためのスポーツの実績づくりに腐心しています。その中で、一握りの生徒が成功してもてはやされる一方、90%以上の生徒が途中で夢破れ、最終的に一般の生活の中に戻っていきます。その時、15歳からスポーツの技能のみで世を渡っていた彼らに、本来、人として身につけるべきことがどれだけ滋養されているのか、心配になります。

お手紙をくれた方の息子さんは、活躍し、期待されていたのにもかかわらず、突然、サッカー部を退部し、学校も辞めたそうです。手紙には、その原因について多くは語られていませんでしたが、私は、この息子さんが、自分の置かれた環境に矛盾を感じて決断したように思えてなりません。「こんなことで、人としていいのだろうか」と思ったのではないかと想像しています。もし、そうであれば、彼はスポーツマシンとして生きるよりも、まっとうな人間として生きる道を選択したのだと思います。

補欠をバカにされて

ある時、私のクラブのA君が退部を申し出てきました。「やる気がなくなった」とのことです。

A君が入部した時、お母さんから、「あの子は学校からＡＤＨＤ（注意欠陥多動性障害）の傾向があるといわれています。そんな問題児でもいいのでしょうか」と言われた記憶があります。A君は、たしかに口が達者で落ち着きがない部分も認められましたが、明るく人懐っこい性格で、私たちコーチの目から見れば、とても問題児などとは思えませんでした。

A君は、いわゆる「運動神経」には恵まれない子で、チームの中でもとりわけ技術の上達が遅い子でした。それでも、だれにでも分け隔てなく接する私たちの指導方針になじんでか、明るく、朗らかに活動に参加していました。ある日、A君が、家族で旅行に行った時に買ったのだと、コーチたちにお土産を持ってきてくれました。お母さんによれば、「絶対にコーチにお土産を買っていくんだ」と、熱心に選んでくれたといいます。私たちはA君に受け入れられたのだと、とても嬉しい気持ちになりました。

A君は試合に出ても、ボールに触ることすらあまりできず、勝敗という点から考えれば、なかなかチームに貢献することはできません。しかし、私たちは少しずつ彼に出場の機会を与え、自信を持たせていきました。しかし、その一方で、ある時から一部の子どもたちが「Aは補欠でヘタなのだ」という陰口を言い始めました。それも、チームの活動中に言うのではなく、進学塾に通っている時に、その塾の仲間たちに言いふらし始めたのです。

その塾にはA君も通っていました。A君は、サッカーの仲間からだけでなく、サッカーに関係のない塾の仲間からも、「補欠、補欠」とあからさまに蔑《さげす》まれるようになりました。そんな日々が続き、プライドを傷つけられたA君は「やる気がなくなった」のです。

A君に聞いてみると、陰口を言い始めたチームメイトは、B君のようです。B君は、進学熱心な家庭の子です。実力テストがあるからと、大事な公式戦でもしばしば欠席します。そんな環境にあるB君ですから、競争社会で生き残る者に価値があるという考えが身についていることが想像されます。B君にしてみれば、A君はスタメンを確保できない脱落者であり、見下してしかるべき人間なのかもしれません。

B君に同調してA君をいじめた塾の仲間たちも、点数一つで順位をつけられ、学校の難易度ランキングと自らの偏差値をにらめっこする毎日を過ごしています。息詰まるような受験戦争の中で、少しでも自分より格下の者を見つけては序列をつけ、優越感を持ちたい、という感覚を身につけているのかもしれません。

沈んだ声で「もう辞めたい」というA君を、私は長時間かけて説得しました。「ヘタなこと、できないことは全然、恥ずかしいことではないのだよ。全力を尽くさないこと、一生懸命やらないことが恥ずかしいことなんだ。君はいつも全力で一生懸命やってきた。コーチたちは、君が頑張っていることはよく知っている。今はバカにされて悔しいかもしれないけど、そんなことに負けないで、一生懸命頑張ることを続けてね」。

その時は、「わかった。考えてみる」と言って沈んだ声のままだったA君が、次の練習日に出席するかどうか、私たちコーチ陣は気が気ではありませんでした。しかし、子どもたちの輪の中に、あの人懐こいA君の笑顔を見つけたとき、私の胸の中には何とも言えない安堵感が広がりました。A君は再び試合で補欠出場し、汗だくになってボールを追いかけていました。

いじめと少年スポーツ

いじめが原因で自殺してしまう子どもが跡を絶ちません。だれにも救いの手を差し伸べてもらえず、自殺せざるを得ないほど追い込まれてしまった子どもの心情を思うと、何ともやり切れない気持ちになります。

いじめを生む土壌はどのようにしてつくられるのでしょうか。子どもはだれでも、人をいじめるようにプログラムされて生まれてくるのでしょうか。そんなわけはありません。無垢で生まれてきた子どもが、やがて他の子どもをいじめるようになる。それは自然の成り行きではなく、その子の育った環境の影響に他ならないはずです。では、その環境はだれがつくるのでしょうか。それはもちろん、大人たちです。仲間を自殺に追い込むような陰湿ないじめをする子どもたちを輩出する環境、それはすなわち、われわれ大人がつくっているということを認識する必要があるでしょう。

少年スポーツは表面上は子どもの健やかな成長、発達のために行われることになっています。しかし現状は、目に余る競技化が進んでいます。文部科学省からは、子どもの体力低下が進んでいるという調査結果が発表されていますが、少年スポーツの試合会場に出向けば、そんなことはにわかに信じられない光景が広がっています。鍛えられ、選りすぐられた子どもたちのたくましさ、身のこなしの鋭さに、私は舌を巻くばかりです。理想はともかく、現実は、少年スポーツは運動能力の高い子どもたちがさらに選抜されて競い合う世界になっているのです。これはもちろん、スポーツを指導する大人たちがつくった環境です。

小学校高学年ともなれば多くの子が学習塾に通いますが、塾では点数、偏差値、順位などでシビアに子どもをランクづけしています。これも大人がつくった環境です。本来なら、そうしたギスギスした世界から逃れる意味もあって、スポーツを楽しむという面もあるはずなのに、スポーツはスポーツの世界の大人によって、「できる、できない」「上手い、下手」「速い、遅い」「強い、弱い」の二分法で子どもを選別していく世界になっています。

こうした、大人がつくった殺伐とした選別社会では、子どもは自分の存在価値が「数値」や「順位」でしか確認できなくなります。何点か、何位か、勝ったか、負けたか、というデジタルな基準でしか、人としての存在感が味わえなくなるのです。言い換えると、大人もそうした視点でしか子どもを見なくなっているのです。その結果、子どもは自分の相対的な存在価値を高めていくために、自分より劣るもの、ランクの低い者を見つけ出してはそれを見下し、蔑む行動に出ます。相対的に自分より「できない、下手、遅い、弱い」子を見つけ、いじめることで自分の存在価値を確認するのです。

勝利第一主義のチームに所属する子は、普段の遊びでも順位づけ、ランクづけにこだわり、遊び仲間には一軍の子、あるいは、他のチームに所属している子でも、強いチームの子しか招き入れません。それだけではなく、用具や場所の独占など、他の子どもに対して傍若無人の振る舞いをします。それは強いもの、勝つもののみに価値があるという大人、すなわちコーチや両親がつくる環境で育てられているからなのでしょう。

たしかにスポーツは勝利を目指す活動です。しかし、大切なことはその過程で何を学ぶか、ということのはずです。とくに青少年の活動においては、その部分を強調しすぎることはありません。しかし、そのスポーツの世界で、子どもたちにあるわずかな「差」ばかりを見つめ、選別していくような指導をしていれば、いじめを生む土壌は加速度的に大きくなるばかりではないでしょうか。

明るく元気なスポーツでは、いじめなんて関係ない、と思われるかもしれません。しかし、今の少年スポーツのあり方は、いじめの環境を拡大することに力を貸してしまっているのです。

ついにいじめがおこった!!

ついに、というか、やはり、というか、私たちのクラブでも、小学生のいじめの問題が表面化しました。ある母親から、息子A君がいじめられてクラブを辞めたいと言っている、という相談を受けました。いじめているのは同じクラブ員のB君とC君だ、という話をA君の母親から聞いて、私もA君の学年チームの担当コーチも、腰を抜かすほど驚きました。

名前の挙がったB君は、私たちにしてみれば、とても「いい子」です。「いい子」といっても、いわゆる大人受けする優等生という類ではなく、こだわりのないさっぱりとした性格で、何事にも積極的に取り組み、常に全力投球の姿勢を崩さず、プレー面で仲間から厚い信頼を受けています。もう一人のC君はとてもおとなしく、コーチが笑顔で語りかけても、ようやく返事だけ返すような子で、プレー面では常に仲間の後塵《こうじん》を拝する存在です。コーチが手を変え品を変えて勇気づけることで希望と自信を与え、どうにかここまで辞めずに続いていた、という子です。

A君の学年チームにはもともと、多少、口の悪い皮肉屋の子がいます、また、プレーで秀でているため、自信満々で他人を卑下する傾向がある子もいます。私たちコーチ陣は、日頃、いじめがないよう、そうした類の子たちの行動、言動に注意するよう申しあわせていました。しかし、いじめの根は、まったく予想外の、いわばノーマークの所にあったのです。

いろいろ調べてみると、B君は、B君は両親が離婚し、家には介護が必要なご老人がいて、なかなか難しい家庭環境のようです。B君は、子どもながらに自立した行動を求められる一方で、家の手伝いにもエネルギーを割かれていたようで、彼なりにストレスがたまっていたようです。先ほど触れたように、元来、学校でもサッカークラブでも「しっかりした、いい子」という目で見られていましたから、子どもらしく発散する機会を失っていたのかもしれません。

また、C君は、高学年になってから急に身長が伸び、体が大きくなって動きが力強くなりました。それまでは何事にも気後れして、人の陰にばかり隠れているようなところがあったのですが、体が急に大きくなったことで、自信がついたようです。ところが、その自信が、あらぬ方向に発揮されてしまったのでしょう。それまで、どちらかといえば、いじめられる側にいたC君は、ある時期からいじめる側にまわったようなのです。

A君の指導を担当しているコーチがため息交じりに言いました。「そうか、それでわかりました。この頃、A君がやたらと僕にまとわりついてくるというか、そばを離れないというか、子どもたちの輪に入らずに、僕とばかり話したがるんです。もともと、A君はよく僕と話をする子なので、つき合ってはいましたが、それは僕のそばにいれば安心だったからなんですね」。

私が「コーチたちも注意していたつもりですが、子どもたちの変化に気がつかず、申し訳ありませんでした」と謝ると、A君の母親は恐縮した様子で言いました。「いえいえ、コーチたちがいる時はいいんです。何も起きないんです。Aがいじめられるのは、サッカークラブのない日や、学校の休み時間とか、放課後とか、大人の目が届いていないところでなんです。陰でやられているんです」。

私たちコーチ陣は、頭を抱え込んでしまいました。グラウンドで子どもたちと向き合っている時には、いくらでも指導ができます。しかしそれ以外の時間に、四六時中、子どもたちの行動を観察することはできません。私たちの目の届かないところでA君が、あるいは他の子が苦しい思いをしているとしたら……。

それでも私たちは、できる範囲で、全力で「人としてあるべき姿」を子どもたちに示していくしかありません。まず私たち大人が、正正堂堂とフェアーに生きている姿を見せなければなりません。また、人を思いやり、仲間を大切にしていくことを強調し、卑怯な行為、人として許されない行為は絶対に認めない、という姿勢を守り続けていくしかないのです

チームの一員としての取るべき行動

少年サッカーも秋になると6年生のチーム編成に頭を悩まされます。いわゆる「受験組」のスケジュールが、塾のテスト、テストで忙しくなり、その日程がサッカーの試合と重なることが多くなるの

です。塾も商売ですから「今から手を打たねば」と親の不安を煽《あお》り、競って前倒しの受験対策を叫んで、各種テストを乱発するのです。

テストと試合が重なった場合、当然のことながら、子どもは試合に欠席します。それでも、チームのメンバーが豊富にいる場合は、試合に必要なイレブンは何とか揃います。しかし、テストで欠場する子どもの数がバックアップの子どもの数を上回れば、チームは欠員を抱えたまま試合に臨まねばなりません。11人の相手に対し10人、あるいは9人で試合しなければならなくなるのです。指導者として「仕方がないこと」とあきらめることは簡単ですが、何か腑に落ちない気がします。

サッカーは仲間がいてはじめて成立するチームスポーツです。受験組の子どもたちも、チームを支える貴重なメンバーの一員として存在し、チームとともに切磋琢磨《せっさたくま》する中で練習や試合を体験し、成長してきたはずです。それなのに、自分が欠席することがチームにどういう影響を与えるのか明らかな状況で、そうした点にまったく配慮のない行動を取ることに疑問を感じるのです。

「勉強が第一なのだから、たかがサッカーでそんなことをいうな」とお叱りを受けるかもしれません。しかし、そうでしょうか。塾のテストがあるからと、当然のように試合を欠席し、仲間が欠員を抱えて苦しい試合を強いられていても気に留めないという見識には、私は賛同できません。こうした行動は、物事に処世的な観点から軽重をつけ、「重い」方には真摯《しんし》につき合うけれど、「軽い」方には適当にやっておく、という考えを子どもに植えつけている気がするのです。サッカーの仲間がどのような思いを抱こうと、チームがどんなに苦しい状況に追い込まれようが、それは「たかがサッカー」のことであって、大事な勉強より「軽い」ものなのだから気にするな、と。

以前、ある人から、少年野球の大会を第一に考えるあまり、コンディション調整として学校の運動会を欠席する子がいる、という話を聞いたことがあります。運動会には、グループで参加する種目があり、その子もグループの一員として大事な役割を担っているのに、欠員が出て仲間が困ることなど微塵も斟酌《しんしゃく》していないと、その人は嘆いていました。

ここで共通しているのは、自分の価値観の中で「軽い」と判定したことに関しては、たとえ仲間が困るような状態になったとしても知ったことではない、という感覚です。前にも触れたように、近年では親自体の社会性を疑いたくなる事象が目立ちます。その親たちが子どもに対して、「仲間と自分」という視点を重視せずに、物事を天秤にかけて選んでいくことばかり教えているとしても、不思議ではないかもしれません。

「仲間の中の自分」という意識をどれだけ育てるか、という点で、今の日本には欠けている部分が多いと感じています。その意味では、サッカー、野球など、チームスポーツに親しむことは絶好の教育の機会だと思います。私たちは子どもたちに対して、大人の処世観で考える価値の軽重とは別次元で、仲間を思う気持ちや、グループやチームの一員として取るべき行動というものを知らせていく義務があります。それを怠ってしまえば、スポーツは人間の文化ではなく、ただの身体運動に成り下がってしまいます。

強制することの空しさ

教育基本法の改正案が臨時国会で成立しました。「国や郷土を愛する態度を養う」など個人の心情の一部を国としての教育の目標に掲げています。また、以前は「不当な支配に服することなく」教育が行われることが謳《うた》われていたのに対し、「この法律及び他の法律に定めるところ」によって教育が施行されることとし、条文による拘束力を強めたものになっています。

法改正を推進した人たちは、これまでの教育基本法で、個人の生き方や考え方を尊重しすぎたから、みんなが勝手気ままの人生を歩むようになり、日本の社会が乱れたのだ、とでも言いたいのでしょうか。法的に「あるべき姿」を示し、公の教育として無理にでも押しつけなければ、国を思う若者が育たないとでも思っているのでしょうか。そんなことを言う以前に、彼ら自身の論理が乱れているのではないでしょうか。

安倍政権が「地域の意見を吸収する」という目的で推進するタウンミーティングの一件も然り。公の会合でやらせ発言を演出し、自分の思いのままに意見をまとめてしまいました。あるいは、郵政民営化の一件で自民党を離脱させた議員に対して、選挙で不利が予想されると「やはり帰ってきてもいいぞ」と手のひらを返す行為を恥も外聞もなくやっていました。法改正を推進している人たちは、そんな無様な姿を恥も外聞もなくさらしています。基本法の文面うんぬんではなく、そのような、人として恥ずべき厚顔無恥な生き様を毎日、メディアを通じて見せつけ、大人の社会とはそういうものだと、したり顔をしていることが、「醜い日本」をさらし、子どもや若者の将来に対する意欲を減退させているということに、どうして気がつかないのでしょうか。

スポーツの指導でもっとも簡単な方法は、有無を言わせずに強制的に従わせることです。「これは決まり事なのだ、いやなら辞めてもいいんだぞ」「文句を言うやつは試合に出さないぞ」。こういう形で子どもの行動を縛っていけば、一切のムダは排除され、戦績や記録の上では短期に効果が上がります。

しかし、こうした強制的指導では、子どもたちの行動基準はすべて「コーチに怒られるか否か」になってしまいます。その結果、自分たちはどのように行動すればいいのか、という、本来なら彼らの心の中で醸成されるべき本質的な基準が、いつの間にか忘れ去られてしまいます。

また、強制的な指導を続けていると、時として子どもたちの中には、二面性が育ってしまいます。表面的には「ハイ」と素直に返事をし、自分の意志を隠した従順な態度を身につける一方で、指導者の「強権」が及ばないところ、つまり指導者の目を盗んで、反発した行動をとろうとすることがあるのです。自由な心のあり方を束縛すれば、必ず何らかの形でその矛盾を解消しようとする行動が現れるものです。

少年サッカーの世界では、大会があると、参加チームのほとんどが、指導者の号令の下、一日中、礼をしています。グラウンドに礼、本部席に礼、試合相手に礼、審判に礼、応援席に礼。じつに礼儀正しい。美しい日本です。しかし、グラウンドを一歩出たら、彼らのほとんどは「礼の精神」をすっかり忘れてしまいます。グラウンドの外で、とくにユニフォームを脱いだ平日に、こちらから「こんちには」と挨拶しても、返答できない子がほとんどです。強制され、形ばかり仕込まれた礼が、彼らの心に真の「礼の精神」を醸成していないのです。

あることを「思え」「考えろ」と強制することは簡単です。しかし、その結果、子どもたちに身につくのは、サッカーの試合会場でくり返されている礼のオンパレートと同じです。表面的には正しい行動に見えても、ちっとも本質的なものが育たないのです。ましてや、日頃から大人は、人の話を聞け、勝手に振る舞うな、みんなでよく話し合え、と言っているのに、国会では反対意見を封じ込めて、数の論理で強硬に採決する。そんな姿をさらす大人たちがつくる国に、誇りを持てと言われても難しいのではないでしょうか。

天地の開きがある教育的対処

先日、こんな話を聞きました。少年サッカーの試合がＰＫ戦になって、「キッカーをだれにする」と募ったところ、思わぬ子が「ぼくが蹴る」と手を挙げたそうです。じつはチームメイトは、技量からしてその子では失敗の可能性が高いと感じていましたが、されど、失敗することが怖くて「では、ぼくが蹴る」とも言い出せません。そこで、申し出の通りこの子が蹴ったのですが、案の定、その子が失敗してしまい、チームは試合に負けてしまいました。

打ちひしがれて子どもたちがベンチに帰ってくると、指導者はもちろん、応援の保護者たちもみんな、「なぜあの子に蹴らせたのだ」あるいは「どうして○○君が蹴らなかったのだ」ということを言葉、表情、態度で表したということです。それを受けて、「やっぱり○○君が蹴ればよかったのだ」などと言い出す子も出てきたと言います。ＰＫを失敗した子の母親は涙を流さんばかりにして「どうしてあなたが蹴るなんて言ったのよ」と、周囲の冷たい視線に耐えきれずにわが子を諫《いさ》めたと言います。

このエピソードを聞いて、私は心底、寂しい気持ちになりました。ＰＫを失敗した子の周囲の大人たちはだれも、少年スポーツを単なる競技活動としてしかとらえておらず、スポーツを通じて子どもを良き人間に育てていくことの意味など、どこかに忘れ去られていると感じたからです。

本来、ここで大人がとるべき態度は、まず、失敗を恐れてだれも引き受けようとしなかったキッカーの大役を進んで引き受けた子に対し、「よく勇気を出して蹴ることにしたね」と賞賛することではないでしょうか。結果は失敗だったけれども、人のいやがることを勇気を出して実行しようとした行為は、人として素晴らしいことなのだということを、十二分に伝えてやるべきでしょう。

次に、後から不満を言った子どもに対して、そうした行為がいかに卑怯なことかということを、わからせる必要があります。結果がわかってから行動することならだれにでもできます。未知なことに勇気を出してチャレンジすることと、結果が示されたことを後付けで批判することでは、天と地との差があるのだということを諭すべきでしょう。同時に、決断を迫られたときに手を挙げられなかった者が、手を挙げた者を批判する資格はないということも教えるべきでしょう。

こうした教育的フォローを十二分にしたうえで、PKを失敗した子には、なぜ失敗したかを冷静に考えさせるべきでしょう。原因は踏み込み足にあるのか、キックする足首の固定にあるのか、それとも、冷静さを欠いた心理にあるのか。そこを客観的に示してやるのが、専門の指導者のもう一つの役割です。そして、次に失敗しないためには、何をどのように練習していけばいいのかを明確に示し、「あの時、PKを蹴ると勇気を出して言えた君なら、必ずできるよ」と励ましてあげることです。そのことで、失敗した子は挫折を乗り越え、次のステップに高まる意欲を持つでしょう。

その後、このチームの指導者や親たちが、子どもたちにどのような指導をしたかはわかりません。しかし、もし、十分な配慮のある指導が行われていないとしたなら、PKを失敗した子は二度と、勇気を出して決断するという心理を働かせることはないでしょう。また、他のチームメイトも、「僕が蹴る」という決断がさらに、しにくくなるでしょう。なぜなら「もし失敗したら大変なことになる」という現実を、目前で見せつけられたからです。

スポーツの現場では毎日のように、教育的、人道的に活用できる素材がそこかしこに用意されます。それを競技力強化にとって回り道になるわずらわしいものと切り捨てるか、人格形成に重要なチャンスととらえるかは、まさに指導者を筆頭とした周囲の大人の判断一つなのです。

エピローグ

イギリスの体育学研究者ピーター・マッキントッシュは、その著書『フェアプレイ』（水野忠文訳ベースボール・マガジン社）の序論で次のように述べています。

「公正ではない」ということは、古い時代から、スポーツ的な競技をめぐって繰り返されてきている一つの叫びであり、たしかに古代のオリンピック競技のルールが形式をととのえて以来の世論である。……（中略）公正さは正義（justice）に関係し、正義は大小にかかわらず秩序ある社会にとってだけでなく、人類の存続に対して基本的である。

ここで「公正ではない」と約されている言葉は、原語では「not fair」、より身近な言葉で表現するなら「フェアではない」という表現となります。

この著書では、紀元前480年に行われていた古代オリンピックで、間違ったスタートを行った競技者に対する罰としてむち打ちが規定されていたことが紹介されています。また、紀元前400年代の終わりには、スタート地点には競技者の足先が収まるような敷居が設けられ、さらに競技者の前に横棒が渡され、スターターが合図とともにひもを放すと、その棒が落ちてスタートできる仕組みが使われていたことも紹介されています。

このような仕組みや罰則規定があったということは、裏返せば、すでに紀元前の時代から、競技がフェアに行われたか、そうでないかについて人々の関心が強かったことを物語っています。古代ギリシャの人々に限らず、私たちはだれでも、スポーツにおいてはフェアであることが何より大事、ということに異論を挟むことはありません。

しかし、このスポーツでもっとも重要であるべき「フェア」という概念には、なかなか難しい部分もあります。

たとえば、競技力を高める手段として筋肉増強剤を使用する、興奮剤を使用する、これがアンフェアだということに対しては、ほとんどの人に賛同してもらえるでしょう。また、よい記録を出すために、ある選手だけが特別な機能を持つシューズやウエアを着用していた、ということに対しても、「フェアじゃない」という意見を持たれるでしょう。

それでは、アメリカのトップアスリートがコーチ、トレーナー、栄養士、ドクター、心理トレーナー、弁護士、マネージャーを従えて、全天候型トラックでスポーツ科学の粋を尽くした練習でオリンピック予選に臨む一方で、アフリカの小国のアスリートが、地肌むき出しのトラックで穴のあいた靴で練習して同じオリンピック予選に臨むことが、はたしてフェアな状況か、と聞かれればどうでしょう。

また、日本の高校で、外国人をも含むスポーツ特待生を有し、プロ並みの練習環境を持つ学校と、ごく普通の学校が同じ土俵で甲子園大会やインターハイなどの予選を戦うのはフェアな状況でしょうか。

あるいは、テーピングはどうでしょうか。使用するテープは幅数センチの布にすぎませんが、人工的な装着物で関節を保護するという意味では、本来の肉体の限界を超えた耐久力を関節に与えます。テーピングをすることで、生来の、生身の肉体を超えた力を得るということでは、考えようによってはアンフェアかもしれません。

今あげた、アメリカのトップアスリートの練習環境も、スポーツ特待生の学校のチームづくりも、テーピングの使用も、現実には「アンフェア」とはされていません。

ちょっと意地の悪い問答のようになってしまいました。

私が言いたいのは、「フェア」とはスポーツにかかわるだれもが絶対的かつ唯一無二の価値観として考えていますが、現実には、フェアとアンフェアの境目は、あいまいであるということです。というより、実際のスポーツはアンフェアな状況で競われていることの方が多い、といった方がいいかもしれません。

このように書くと、スポーツ好きの読者の方々は、とても不安になるのではないでしょうか。「錦の御旗であるはずのフェアという概念がそのようにあいまいなものならば、私たちは何を信じてスポーツにかかわればいいのだろうか」と。私はその迷いに対して次のように応えるでしょう。

「信じるのはあなたのスポーツ哲学です」

もっとも絶対的と信じられている「フェア」という概念のあいまいさに代表されるように、スポーツにかかわっていくうえで、絶対的な基準、心のよりどころをつくることはなかなか難しいことです。ですから私は、それは何か既成の概念を基準にすることではなく、自分自身がスポーツに対してどのような考えを持ち、どのような視点でスポーツをとらえ、どのような角度からスポーツを読み解くのかという、その人のスポーツに対する哲学を持つことであると考えています。

例えば、金に物を言わせてスター選手を揃えるチームの華々しいプレーが見たいという人がいる一方で、地味でも実力派を育てて活躍させているチームの在り方を堪能することに醍醐味があると考える人がいます。また、１００ｍを９秒台で走るような超人的なパフォーマンスにだけ興味を示す人がいる一方で、記録は平凡でも限られた練習環境の中から努力して戦っている選手の姿に感動する、という人もいるでしょう。いずれもその人のスポーツのとらえ方、つまり哲学に裏付けられた視点です。

哲学があれば、そこから自分なりの視点が生まれ、多様な視点を持てば、感じたり、考えたりする材料がより多く見つかります。そして、感じたり、考えたりする機会を多く得るほどに、スポーツから得るものはより広く、深く、大きくなり、人生は豊かになっていきます。

我々大人がスポーツに「哲学」を持たず、スポーツを見る目を深めようとせず、勝敗だけに一喜一憂する姿勢でいるなら、周囲で育つ子どもたちにもその姿勢は伝播するでしょう。しかし、われわれがスポーツに「哲学」を持って接し、そこから多様なことを感じ取り、学び、啓発される日常を送っていれば、子どもたちも同じようにスポーツと豊かにかかわってくれることでしょう。

スポーツは表面的には勝敗を競う行為ではあるけれど、そこから学び、自分の成長の糧とできるのは、人間のみに許された崇高な行為の一つである——。私たちは子どもたちに、そのことに気づかせてやる使命があるのではないでしょうか。スポーツから得たもの、学んだもの、感じたものを、自分の血肉にする能力を持っているのは、私たち人間だけであるということを、忘れてはいけないと思います。

最後になりましたが、「子どもとスポーツ」というコラムを設定し、日本の少年スポーツの抱える問題について自由に発言する機会を与えてくれた、「しんぶん赤旗」と、コラム連載中に毎回、テーマの設定の相談に乗っていただいた担当編集者の代田幸弘さんに、また、その連載を一冊の本としてまとめるチャンスを与えてくれた、坂上美樹さんをはじめとする合同出版の方々に、この場を借りて深くお礼を申し上げます。

２００７年７月31日　　永井洋一

【著者紹介】
永井洋一（ながい・よういち）
スポーツジャーナリスト

１９５５年、横浜市生まれ。豊富な経験と知識をベースに、サッカーを中心とした執筆活動を展開する傍ら、スカイパーフェクＴＶのサッカー解説でも活躍。メディアでの活動の一方で、サッカーコーチとしての経験も約30年に及ぶ。79年、地域に根差した一貫指導型サッカークラブを立ち上げ運営にあたる。その後、日産ＦＣ（現、横浜Ｆ・マリノス）のコーチングスタッフとしても指導。現在でもＮＰＯ化したアマチュアクラブの監督として週に３回以上グラウンドに立つ。

【主な著書】『スポーツは「良い子」を育てるか』（ＮＨＫ出版）、『日本代表論』、『絶対サッカー主義宣言』（ともに双葉社）など。

＊この本は、05年３月～06年12月まで「しんぶん赤旗」（「子どもとスポーツ」）に連載された作品をまとめたものです。刊行するにあたり、修正・加筆を行いました。

少年スポーツ　ダメな指導者　バカな親

2007年８月15日　第１刷発行
2012年７月20日　第７刷発行

著　者　永井洋一
発行者　上野良治
発行所　合同出版株式会社
東京都千代田区神田神保町1-28
郵便番号　101-0051
電話　03(3294)3506
振替　00180-9-65422
ホームページ　http://www.godo-shuppan.co.jp/
印　刷　モリモト印刷株式会社

■刊行図書リストを無料進呈いたします。
■落丁乱丁の際はお取り換えいたします。

ISBN978-4-7726-0398-0　NDC 379　130×188